アカデミック・スキルズ

クリティカル・リーディング入門
人文系のための読書レッスン

慶應義塾大学教養研究センター 監修
大出敦

慶應義塾大学出版会

はじめに

◉　クリティカル・リーディングとは

　最初にあるエピソードから紹介しましょう。クリティカル・リーディングを考える好材料になると思います。登場してもらうのは、マルティン・ルター[1]です。高校の世界史に登場してきた人物で、ヨーロッパで宗教改革を起こした人物としてみなさんの記憶に残っているのではないでしょうか。

　彼が生きた時代、そしてそれ以前の中世・ルネサンスまでのヨーロッパ人は神の存在を信じていました。そのことをみなさんのほとんどは実感できないかもしれませんが、知識としては理解はできると思います。さらにいえば神のことはすべて「聖書」に書かれてあるとされていましたが、この「聖書」と人々をつなぐところに教会が存在していました。

　これが中世・ルネサンスの常識であったのです。だから誰も教会の存在を疑いませんでした。教会はそうした意味では、キリスト教の信仰には欠くことのできないものでした。たとえばパリの国立図書館に所蔵されている『教訓型聖書』という13世紀の美しい本があります。これは上下に配置された二つの丸い輪で一組になっていて、一頁に4組の絵が描かれたユニークな構成をしています（図−1）。輪の内、上の輪には『旧約聖書』の、下の輪には『新約聖書』のエピソードの図像が描かれています。その脇にそれぞれのエピソードの説明があります。そのうちの一つを見てみましょう。『旧約聖書』のアブラハムが神のお告げで晩年、やっと生まれた子供、イサクを生け贄として捧げることになり、イサクに薪や生け贄用の道具を背負わせ、親子で山を登っていく場面が上の輪のなかに描かれているものがあります。一方、下の絵には十字架を背負ってゴルゴダの丘を登っていくキリストの姿が描かれています。この本の特徴は、このようにすべて上の輪に『旧約聖書』、下の輪に『新約聖

1　マルティン・ルター（1483–1546）　ドイツの聖職者。贖宥状の効力を論じた95箇条提題により、宗教改革を展開。また『新約聖書』のドイツ語訳を試みた。

書』のエピソードが描かれていて、実は『新約聖書』で語られることは、あらかじめすでに『旧約聖書』で予告されていたという姿勢に貫かれていることです。

こうしたことを踏まえて、次に掲げる絵（図−2）を見てみましょう。上の輪はアダムのあばら骨からエヴァが生まれたというエピソードを図像化したもので、アダムの脇腹から赤ん坊のようなエヴァが神の手によって引き出されているものになっています。一方、下の輪には処刑されたキリストの脇腹の傷から、神がエクレシアという女性を引き出しているものになっています。このエクレシアとは教会の意です。女性に擬人化された教会がキリストから誕生してくることになっています。

なぜこの『教訓型聖書』のキリストの脇腹からエクレシアが生まれる絵を取り上げたかといえば、教会の正統性を誰も疑わなかったことの一例として知ってもらいたかったからです。教会は神の子であるキリストから直接、生まれたのであり、またエヴァが誕生したとき、神が「生めよ、増えよ」と人類の繁栄をことほいだように、教会も世界にあまねく存在するものとなることを示しています。

図−1

図−2

ですが、教会はやがて信仰や祈りの場であると同時に、政治や権力闘争の場となり、教皇や司教などの聖職者は神の代理人として人々にキリストの愛を授ける代わりに、さまざまな特権と税を取り立てる権利を有するようになりました。それが大きな弊害と教会の腐敗をもたらしたことは世界史が私たちに教えてくれます。こうした腐敗に対して改革の声を挙げたのが、ルターであり、カルヴァンだったこともみなさん、ご存知でしょう。

　でもルターは一体、何をしたか改めて考えてみたことがありますか。世界史ではルターが宗教改革を行ったことは習ったかと思いますが、実際には彼は何をしたのでしょう。ルターは両親の反対を押し切って修道士になります。そして彼は徹底的に「聖書」を読んだのです。ルターは後に読むこととは「祈りであり、瞑想であり、試練である」と語っているように、読書は彼にとって信仰そのものだったのです。それくらい彼は徹底的に「聖書」を読みます。彼のエピソードの一つに借金をしてまで、「聖書」を大きな余白を取った紙に写本してもらって何度も読み直し、余白に註釈を書き込んでいったというものがあります。その結果、彼はある一つのことに気付きます。それは「聖書」のどこを読んでも、教皇を頂点として、枢機卿や大司教や司教がいる教会制度を設けろとは書いていないということです。つまりその当時の人が当たり前で、神によって設けることが定められていたと思っていた教会制度自体は何の根拠もないものだったということです。誤解しないでいただきたいのはこれをもって私が今のカトリック教会を否定しているのではありません。ルターがこのとき気付いたことは何だったのかを明らかにしたいだけです。この当時、「聖書」は世界を秩序づけ、構成を保証してくれる根拠であり、原点でした。ルターは「聖書」を読み返し、そこに教会の存在理由が何一つ書かれていない、当たり前に思っていたことの根拠がないことに愕然としたはずです。

　その結果、彼は宗教改革という一種の革命を起こしたのです。世界観を一変させるようなパラダイムの変換を行ってしまったのです。重要なのは彼が贖宥状に関する95箇条の提題を掲げたことで、パラダイムの変

換を起こしたのではなく、「聖書」を読み込むことでそれを起こしたということなのです。彼が「聖書」を読み込んで気づいたことに比べれば、彼の所謂宗教改革の運動は、その結果にすぎず、付随的な出来事といっても過言ではありません。こうした当たり前と思っていたことが根拠のないものであり、実は約束事にすぎなかったことを露呈させ、まったく新しい見方をもたらしてくれるのが、クリティカル・リーディングです。

　私はこのルターのことを佐々木中[2]の『切り取れ、あの祈る手を』というエッセイで知りました。この本の第二章がルターを扱ったものですが、彼はクリティカル・リーディングによってテキストを、そして世界を読み換えることが、革命を引き起こすのだと述べています。クリティカル・リーディングとは何かを考える刺激的な本です。

　ここでクリティカル・リーディングとはどのようなものか、少し整理しておきましょう。クリティカルという語は日本語では「批判的」と訳されます。批判的というと何か作品に難癖をつけ、重箱の隅をつつくように非難するような印象を持ってしまいますが、英語ではcritic、フランス語ではcritiqueですが、この語には、既存の価値にとらわれないという意味合いが含まれます。つまり自分の思い込みを含めて、主観的ではない読解のことを批判的な読解といいます。criticあるいはcritiqueとはもともとギリシア語の「判断する、決定する」を意味する語から生じています。判断とは理性によって正しい認識や選択をすることです。やがてそれはある事柄を思い込みや偏見にとらわれずに判断することになっていきます。このように語源から意味を考えれば、批判的というのは、当たり前だと思い込んでいたものの当たり前の部分を一旦、括弧でくくって物事を捉え直すことになります。

　あなた自身を含め、多くの同時代人が無意識に前提としているもの、つまり当たり前と思われるものが当たり前でなく、私たちの思い込みであったことに気づくとはどういうことでしょうか。当たり前のことというのは、私たちが普段、生活していて混乱をきたさないようにしている

2　佐々木中（1973- ）　日本の思想家、京都精華大学教員。『定本　夜戦と永遠』等。

秩序のこととでも言い直しましょう。批判、批評というものは今まで当たり前だと思われていたものがそうではなかったことに気付いた時の、地面が突如グニャグニャになり、立っていられないような不安で、危機的な状況を突きつけることでもあります。こうした問い直しがあるからこそ、パラダイムの変換、革命を起こすことができるのです。以上のことはやや大げさかもしれませんが、クリティカル・リーディングとは、私たちが普段、何気なく当たり前だと思っていることを「それは本当に当たり前のことなのだろうか」と問うことを教えてくれるものなのです。私たちはともすると、というよりも常にある一定の価値観のもとに秩序を構築し、この価値観に組み込まれないものはマージナルな領域に排除してしまい、一顧だにしなくなります。それが多様なものを秘めた世界にとってどれほど危険であるかは理解できると思います。確かに「当たり前」という価値を形成することは秩序を構築する上で、どうしても必要なことですが、こうした単一的な価値観が人類に悲劇をもたらした例をみなさんは世界史からいくつも学んでいると思います。読書をしてそれを読み直すという行為は、ともすると一定方向に流れてしまう価値観に
「まてよ、別の見方もあるのではないか」
と考えさせてくれる契機になり、それがひいては世界を組み換えることにつながっていくのではないかと思います。

　ところでクリティカル・リーディングは、個人的な読書の営みとは一線を画すものであることには注意しましょう。個人的な営みとしての読書は大切ですし、そうあってしかるべきものです。「読書は、若者がやがて経験することどもの原型であったり、あるいは、それを入れる容器、比較の対象、分類の枠、価値を測定するもの、美のパラダイムなどであり得るという意味で」「教養としての効能もある」。「たとえ若いときに読んだ本そのものについては、ほとんど、またはぜんぜん覚えていないにしても、ずっとのあいだ私たちの役に立っているのだ。おとなになってからその本を読みなおしたとき、いつのまにか自分の内部のメカニズムみたいになってしまっていて、源泉がどこにあったのかさえ忘れていたというような、いくつかの特徴に気づくことがある」。これはイタリアの

作家イタロ・カルヴィーノ[3]の『なぜ古典を読むのか』(須賀敦子訳)からの言葉です。文学作品や古典の読書は、読者の人生でいずれ芽が出る知性の種を蒔いておくというわけです。私自身、カルヴィーノの言葉のような経験を一度ならずしています。そうした意味ではカルヴィーノの言葉は非常に有効です。しかしやはりこれは個人の営みです。一方、クリティカル・リーディングとは世界を読み換えると同時に、「私」以外の人と議論をできる共通の場を生み出すことでもあります。そうした意味ではクリティカル・リーディングはポパー[4]の「反証可能性」を有している必要があります。

　大学生であれば、このクリティカル・リーディングは差し当たってレポートや試験の答案、あるいは卒論などを制作するときに行うことになるでしょう。そういう意味ではクリティカル・リーディングは「論文作成」と密接な関係があります。読むという行為が書くという行為の準備、いや第一歩となるのです。たかがレポートだからといってあなどってはいけません。レポートであってもパラダイムの変換は可能なのです。

　ではこのクリティカル・リーディングはどのように行えばよいのでしょうか。そのヒントになるのが本書です。クリティカル・リーディングに絶対無二の公式は存在しません。たくさん本を読み、考えるという経験を積んで体験的に習得していく必要があります。しかしそのためには、あらかじめコツみたいなもの、どこに目をつければいいかを知っていれば、習得も早くなります。

ポイント
　クリティカル・リーディングとは、単なる批判でも、重箱の隅をつつくことでもなく、テキストをわれわれが当たり前と思っている常識とは別のものに読み換えることである。

3　イタロ・カルヴィーノ (1923–1985)　イタリアの小説家。代表作に『木のぼり男爵』、『不在の騎士』等。
4　カール・ポパー (1902–1994)　イギリスの哲学者。仮説が実験や観察によって反証できる可能性がなければならないという反証可能性を説いた。『科学的発見の論理』等。

◉ 目的と構成

　大学に入学してしばらくすると、語学以外の科目で課題図書を指定され、その本のレポートを書くことが求められたりします。そのときに個人の経験に基礎をおいて、作者や主人公に共感したり、反発したりするだけでは残念ながら大学の要求にかなっているとはいえません。これは感想文や小論文のレベルといわれてしまいます。言い方をかえれば、感想文や小論文はクリティカル・リーディングとはいえないということになります。

　クリティカル・リーディングについては、本書のシリーズである佐藤望他編の『アカデミック・スキルズ　第2版』に概略が書いてあります。この本にしたがって、まとめてみましょう。

　クリティカル・リーディングは次のことに注意する必要があります。

テキストの全体像を把握すること。
テキストを正確に理解すること。
難解さの壁を乗り越えること。

　まずは対象となるテキストを読む際に注意すべき点として、テキストの全体像を把握することから考えてみましょう。テキストを最もよく要約しているものは、実は題名です。題名はこれから読むものの内容が短い言葉で端的に表現されています。題名から本のおおよその内容を想像することは可能です。また学術書や思想書であれば、目次を見てみましょう。各章の章題や大見出し、小見出しの情報が掲載されています。これを順を追って確認していくだけで、本の内容の要約が作れてしまう場合さえあり、テキストの全体像を把握することが可能になってきます。

　また学術書や思想書には、「序文」や「はじめに」が最初にあります。これは本全体の要約になっていることが多いので、これに目を通しておくと、テキストの全体を俯瞰でき、理解の助けになると思います。

　テキストの全体像を把握したら、次に正確に内容を把握しましょう。

正確に読んでいるかどうかは要約を作ってみるとよく分かるといわれています。要約はそのテキストに書かれていることの本質的な部分をあぶり出すものだからです。しかし一つ一つのテキストの要約を作っていくのは大変です。そこで考えられるのが、キーワード、あるいはキーセンテンスを発見することです。核となる語や文章は必ず存在します。それを見つけられれば、それに対する反論が書かれているのか、例証なのか、発展なのかということが分かってきます。キーワードやキーセンテンスから正確な内容理解へと発展させるように考えてみてください。

　その上で、テキストを批判的に読解するということを考えていきましょう。これが先ほど述べたテキストを正確に理解した上で、それを批判的に考えていく読解のことです。批判的とは単なる反論ではありません。客観的な姿勢に立って、テキストを検討することだと考えてみてください。何だか難しそうだな、と思った人がいるかもしれません。でも大丈夫です。そんなに難しいことではありません。重要なのは、一度テキストを突き放して検討してみるという姿勢です。

　ところで『アカデミック・スキルズ』で述べられていることは、どちらかというと評論や学術書の類を前提にしています。人文科学、とりわけ文学作品はといえば、事情は異なってきます。章題がなかったり、「序文」が付されていなかったりと、『アカデミック・スキルズ』が対象としているテキストとは体裁も何も違っていることの方が多いのです。そのため『アカデミック・スキルズ』で書かれていたことをそのまま実践しようとしてもできず、「困ったな」という事態に陥りかねません。ちょっとした工夫が必要になってきます。

　そのためにこの本では、人文系のテキストを前提にしたクリティカル・リーディングを三段階に再編して考えてみたいと思います。この三段階で先ほど挙げた三つの要件を満たすことができます。

　　第一段階　「あれっ？」と思ったことから「問い」を作る。
　　第二段階　「問い」を検証する。
　　第三段階　「問い」を発展させる（論を作る）。

第一段階と第二段階を経ることで、「難解さの壁」を乗り越え、テキストを正確に理解することになります。その上で、自分の論を展開することになります。この各段階を順番に見ていきましょう。さあ、それでは始めましょう。まずは第一段階と第二段階です。

コラム：クリティカル・リーディングの準備

　とりあえず私たちは、ルターのように何度も何度もテキストを読み直してみましょう。こういってしまうとあまり科学的な言い方ではないのですが、読んでいるうちにどうしても気になってくる点が出てきます。これはおそらく各人それぞれ異なってくるはずです。こうした何となく引っかかる箇所というのは、その人のその時点での問題意識と結びついているからです。この問題意識は、まだ自分のなかではっきりとした像を結んでおらず漠然としているかもしれませんが、みなさんそれぞれの問題意識が何だか気になるという「引っかかる」感覚を生み出します。

　具体的にどうすればいいでしょうか。みなさん、鉛筆を用意してください。鉛筆を片手に気になったところに線を引きましょう。きわめて原始的で、このデジタル社会では時代錯誤的(アナクロニズム)にさえ見えますが、これが最も有効なやり方です。線を引くといっても一ページの三分の二以上も線を引いては線を引いた意味がありません。キーワード、あるいは数行程度です。もちろん何か気になったら余白に書き込みをする必要もあるでしょう。

　また蛍光ペンで引くというやり方もあります。個人的な好みですが、私はあまり蛍光ペンでは引きません。蛍光ペンでマークした箇所は消せないからです。どうしても蛍光ペンを使う必要がある場合は、私は黄色の蛍光ペンを使います。黄色の蛍光ペンでマークした部分は、コピーを取ると、色がコピーに出ないからです。もう一度、白紙の状態を読むことがこれで可能になります。

　付箋を貼るということもあります。しかしみなさんも付箋を多用して、本が帯かはたきのようになってしまったことはありませんか。付箋は貼っ

てあるが、どこが何で気になったか分からなくなってしまいかねません。ですから私は鉛筆の線引きと付箋を併用するようにしています。

　線を引いたり、書き込んだりせずに付箋だけを貼る場合もあります。これは図書館などで借りた本であるとか、貴重な（大抵の場合私だけにとってですが）本の場合です。このときは付箋だけを貼って、できるだけ早い段階、つまりまだ鮮明に記憶に残っている段階で、付箋を貼った箇所をパソコンに打ち込んでおいたりします。

　最後に私自身も電車やバスの中で本を読んでいて、付箋も鉛筆も出せない時によくやってしまうことなのですが、気になった箇所のページの端を小さく折っておくやり方もあります。しかしこれは付箋以上に何が気になったのか、後で分からなくなってしまうことが多々あります。あまりお奨めしませんが、やむを得ない状況での対応策ではあります。

　同じようなことですが、最近は携帯電話やスマートフォンにカメラが搭載されているのが普通ですから、気になったところをカメラで撮影して、パソコンに送って、後で整理するというやり方もあります。慣れの問題もありますが、私個人は意外と面倒だという印象です。というのも、ページの端を折っておくのと同様、気になったページを撮影しても、時間が経つと何が気になって撮影したのか忘れてしまうことが多いからです。もしこの方法を使うとすれば、気になった箇所に線を引き、その上で写真データをPDFに変換できるアプリがありますので、そのアプリで撮影し、PDF化してパソコンに保存するという手間をかければ、後々、データをいろいろ使い回せるので有効だと思います。

・・・・・・・・・・・・・・・・・・・・・・・・・・・・・・・・・・・・

Contents

はじめに……………………………………………………………… 3

第1章　どうやって本を読む⁉
　　　　あるいはどうやったら本を読める⁉ ………………… 15
　1.「どうやって本を読む？」……………………………… 16
　2. 感想文では駄目なのか ………………………………… 18
　3. 小論文に欠けているもの ……………………………… 22

第2章　疑ってみよう、問いを立ててみよう ……………… 27
　1. 大岡昇平と「堺事件」………………………………… 28
　2. 大岡昇平が「あれっ？」と思ったこと ……………… 30
　3.「堺事件」の「切盛」と「捏造」……………………… 34
　4.「堺事件」から学ぶべきこと ………………………… 39

第3章　〈語の意味〉を疑ってみよう ……………………… 43
　1. 作者独特の言葉をあぶり出す ………………………… 46
　2. 何気ない語に目を向けよう …………………………… 56
　3. 日常語に気をつけよう ………………………………… 67

第4章　〈論理の構造〉を疑ってみよう …………………… 81
　1. 接続詞や接続助詞から関係を見つけ出す …………… 82
　2. 演繹と帰納 ……………………………………………… 89
　3. 論証 ……………………………………………………… 94
　4. 論理の流れを疑う ………………………………………103
　5. 論理の前提を疑う ………………………………………106

第 5 章　理論の罠にはまるな ………………………………… 117
　1．幻想小説のためらい ………………………………… 120
　2．悲劇は合理的選択 …………………………………… 127
　3．理論を作る …………………………………………… 132

第 6 章　問いを発展させる …………………………………… 135
　1．構造を浮き彫りにする
　　──フローベール『感情教育』の場合 ………………… 136
　2．貨幣と想像力──村上春樹「パン屋襲撃」を読む ………… 146
　3．拡張する「私」──中原中也「時こそ今は……」 ………… 158
　4．接ぎ木と断絶──もう一つの「時こそ今は……」 ………… 165

第 7 章　クリティカル・リーディングから論文へ ……………… 175

おわりに ………………………………………………………… 192

参考文献 ………………………………………………………… 194

第1章

どうやって本を読む!?
あるいはどうやったら本を読める!?

1 「どうやって本を読む?」

　クリティカル・リーディングについて話す前に「どうやって本を読むのか」ということについてちょっと考えてみましょう。みなさんは「本の読み方なんか知っている」と思うかもしれません。なるほど確かに本を読むということなら、小学校に入ったときから、いやいや今時であれば、就学前から訓練されてきたことは確かです。そういう意味では本の読み方は知っているはずです。でもたとえば「夏目漱石の『こゝろ』について自由に論ぜよ」という課題が大学の授業で出たとき、みなさんはどう思うでしょうか。「何を論じていいのか分からない」という戸惑いではないでしょうか。これは「どうやって読んだらいいか分からない」と言い換えることができます。どのようにレポートを書いていいのか分からないという事態に直面して初めて、自分は読み方を知らないのではないかと感じるのです。ではこの課題を前にしたときの戸惑いの原因は何だと思いますか。これがクリティカル・リーディングの本質的な部分と関わってきます。

　このことを考えるためにまずは以下のテキストを読んでみましょう。

> **テキスト**
>
> 　時こそ今は……
>
> 　　　　　　　　　時こそ今は花は香炉に打薫じ
> 　　　　　　　　　　　　　　ボードレール
>
> 　時こそ今は花は香炉に打薫じ、
> 　そこはかとないけはひです。
> 　しほだる花や水の音や、
> 　家路をいそぐ人々や。

いかに泰子、いまこそは
　　しづかに一緒に、をりませう。
　　遠くの空を、飛ぶ鳥も
　　いたいけな情け、みちてます。

　　いかに泰子、いまこそは
　　暮るる籬や群青の
　　　　まがき　ぐんじやう
　　空もしづかに流るころ。

　　いかに泰子、いまこそは
　　おまへの髪毛なよぶころ
　　　　　　かみげ
　　花は香炉に打薫じ、

中原中也『山羊の歌』

　これは中原中也[5]の「時こそ今は……」という詩です。文学好きなみなさんなら、もしかすると一度はどこかで読んだことがあるかもしれません。「これを読んでみましょう」といわれ、「この詩について論じてください」と問われたら、みなさんはどうしますか。おそらくこの詩を作った主体、すなわち作者の心的状況や心情に思いをいたし、それをこれまでの自分の生き方と重ね合わせることでその登場人物に対して、共感を覚えたり、反発したりし、そのなかから想像力や豊かな感性などを育んでいくような読み方を訓練されてきたはずです。そう、それはそれで問題ないことですし、あってしかるべき読み方です。

5　中原中也（1907–1937）　日本の詩人、翻訳家。代表作に『山羊の歌』、『在りし日の歌』、『ランボオ詩集』。

第1章　どうやって本を読む⁉　あるいはどうやったら本を読める⁉

2　感想文では駄目なのか

　この詩では明示されていませんが、確かにこの詩を語る主体、つまり作者がいるわけですから、この作者の心情に共感するように読み解いていくのは自然でしょう。この場合、中原中也という詩人の伝記的な事実を知らなくても、ここで呼びかけられている女性「泰子」が、主体、つまり詩を語っている人物にとって大切な人であり、愛の対象となっていることは分かります。そしてみなさんの個人的な体験と重ね合わせ、こうした一日の終わりに「家路を急ぐ人々」のように慌ただしく帰宅を急ぐ光景が繰り広げられている一方、語る主体と「泰子」の二人には静謐で、ゆっくりとした時が流れていることが、いかに幸福なことかということを実感、あるいは反復することができるはずです。そこから語る主体と「泰子」の関係に想像を膨らますことも可能でしょうし、幸福ということに思いを馳せることもできるでしょう。ですからこのテキストを読んで、次のように語ることは自然なことであると思われます。

> ケース1
> 　私は中原中也さんの「時こそ今は……」の世界が、二人だけの特別な時間を歌い上げているという点で、素晴らしいと思います。「家路を急ぐ人々」に象徴されるように、慌ただしく日々を過ごしている都市生活の時間があります。しかしその一方で、恋人と過ごすと、こうした喧噪に満ちた世間から隔絶し、二人だけの特別な時間を形成することができるのです。「遠くの空を、飛ぶ鳥」や「暮るる籬や群青の／空」といった自然物が都市の人工的な要素と対立的に謳われて、恋人と過ごす時間が、いわば自然という根源的なものと一体となるような広がりがこの詩にはあると思います。実際、私も大切な人と一緒にいると、時を立つのも忘れ、時間という人間の作った人工物から解放されて、自然に戻れる気がします。

どうでしょう。仮にこの感想を抱いた学生をＡさんとしますが、確かにこうしたＡさんの読み方は正しいもので、否定するべきものではありません。先ほどのカルヴィーノの言葉を再び借りてきていえば、この感想を抱いたＡさんは詩から「若者がやがて経験することどもの原型」を汲み取っているといってよいのではないでしょうか。文学作品に個人の体験や感情を重ね合わせて読むことは、文学読解として自然なことであり、文学の在り方として決して間違っていません。こうした共感が文学作品を読む快楽の一つであり、このように時代と地域を超えて自己投影できる余地のある文学作品が名作として残るのかもしれません。
　しかしテキストを読むということにもTPOがあります。この中原中也の詩が大学の「文学」の授業で取り上げられ、これについて課題が出された場合、Ａさんの読み方は「感想文」と言われてしまいます。なぜ、これが「感想文」と呼ばれてしまうのでしょうか。「感想文」は小学校の頃から書かされてきたので、この本を読んでいるみなさんにとってなじみ深いものだと思います。
　「大学生に向かって感想文というのは、いくら何でもひどすぎる、小学生と同レベルに扱うなんて！」
というのであれば、鑑賞型の読解と呼んでもかまいません。この感想文であれ、鑑賞型の読解であれ、どちらの呼称でもかまいません。何がそうしたものにさせてしまうのでしょうか。みなさん少し考えてみてください。大学一、二年生の学生を対象とした「人文科学特論」という授業でこのＡさんのレポートを提示して、
　「これでは大学での読解として評価されませんが、どこに問題があるでしょうか」
と尋ねたことがあります。すると次のような意見が出されました。

・「私」が使われている。
・「〜思う」とういう表現が使われている。
・「素晴らしい」などの主観的な形容詞が使われている。
・「都市」という言葉が使われているが、詩自体には都市を明示している

第1章　どうやって本を読む⁉　あるいはどうやったら本を読める⁉

要素はない。
・「です」「ます」調である。
・「中原中也さん」などの不必要な敬称が使われている。

　他にもたくさん意見が出ましたが、これらを見ていると、要するに、主観と思い込みということに問題点を集約させることができるでしょう。ちょっと詳しく見てみましょう。「私」が登場するのが、このタイプの読み方の特徴です。Ａさんの文章でも「私」の気持ちや体験がテキストに重ね合わせられて語られています。最初の一文は「私は〜と思う」となっています。「思う」という主体は誰かというと、それは語っている人、書いている人です。日本語の場合、「思う」ということは、個人の頭に浮かんだことであり、その頭に浮かんだものが他人と同じかどうかはあまり問われません。考えている主体である個が想起したことを問題にするのが「思う」という動詞に含まれています。ですので「私は〜思う」は、「私」の気持ちを述べていて、その気持ちを他人がこの「私」と同じように評価するかどうかという基準は排除されてしまいます。感想を述べている「私」の気持ちが重要なのであって、この「私」の気持ちが自分以外の人の気持ちと共通するものである、すなわち普遍性があるかどうかということには注意を払わなくてもよいということです。
　感想文では「私」というものが全面に出てくることになります。そこでは私の体験や共感したりする気持ちが重要なので、そうした体験や感情が特殊なのか普遍なのかは極端なことをいうと関係がないのです。こうした読みが「主観的」といわれるものです。
　この主観的な読みは、往々にして根拠のない思い込みにとらわれてしまうことになります。Ａさんは「都市」と「自然」の対立という図式を作っていますが、果たしてそれは根拠のあることでしょうか。おそらくＡさんは「家路をいそぐ人々」から仕事を終えて家に帰っていくサラリーマンであふれている夕刻の東京駅や新宿駅のようなものを想像したのでしょう。だから「都市」という語を使っていると考えられます。しかし「家路をいそぐ」のは何も都会のサラリーマンだけには限りません。

農作業を終えて帰って行く人も「家路をいそぐ」ことはできます。ですから「家路をいそぐ人々」だけから都市の光景と結びつけてしまうのは根拠のない思い込みということになってしまいます。これが「私」が思ったことであれば、許されることでしょう。「私」の想像力として評価することもできるでしょう。この一節から東京駅や新宿駅を連想するのはまさに感性です。

　しかしたとえばこの「家路をいそぐ人々」をAさんは都会の光景と考え、Bさんは農村の光景と考えて二人で話し合ったとしても、おそらく話はかみ合わないのではないのでしょうか。なぜでしょうか。議論をするための共通のものがそこにはないからです。感想文的なタイプの読み方ですと、こうした共通の議論をするための場が形成されません。クリティカル・リーディングでは、その結論に賛同するか反対するかは別として、作者なり話者なりの思考の軌跡をたどると、それと同じ結論にしか達しえない反証可能性というものを有していることが重要です。それがなければ議論の場は成立しません。

　われわれは時として、私とあなたに共通する読みを必要とする場合があるのです。私だけの読みでもあなただけの読みでもない、われわれに共通する読みです。必要なのは共通の基盤なのです。同じ土俵に上がってこそはじめてその作品の内包する問題を議論できるのです。そうでなければあるのは私の問題、あなたの問題、彼の問題だけなのです。ばらばらの思いだけです。この共通の基盤をこれまでに使った言葉で言い表すと、「普遍」と言い換えてもよいでしょう。つまり私やあなたといった主観に左右される読みではなく、私とあなたと彼が共有する問題が「普遍的な」問題で、この普遍の部分が議論の対象になるのです。言い方を換えると、そうしたものを前提にしなくては議論は成立しません。これが大学で求められる読み方です。こうした感想文型・観賞型の個人の気持ちだけの表出ではないものが、大学で要求される読み方といえます。

3 小論文に欠けているもの

　それを踏まえた上で、個人の経験に基づく感情を超えたものがそのテキストには含まれているということを考えてみましょう。そんな普遍的なものはないし、必要もないということになれば、人文科学の諸学問を誰かと議論する余地はなくなってしまいます。「私がこう思ったからそれでよい」では、議論が成立しません。読書を個人的な営みとして考えているだけではテキストを分析し、理解したとはいえないのです。こうした個人的な営みとしてのテキスト受容は、一歩間違えれば、個人的な感傷の表出として捉えられ、それは
　「君だけがそう思っていることではないか」
といわれて、まわりを鼻白ませてしまいます。
　また一方では、「私の読み方のみが正しい」という暗黙の主張でもって、他者の読解を排除し、独善に陥る可能性もあります。こうした事態に陥らずにできるだけ客観的な視点に立って読解することが、クリティカル・リーディングです。今度はBさんが書いたレポートを見てみましょう。

ケース2

　中原中也の「時こそ今は……」は恋愛詩であることは一読してみれば、誰もが納得することである。一般論として「私」にとって愛する者は特別な存在であり、そして特別な意味を持っている。「私」は愛する者に規定されている。今の「私」を成り立たせているのは愛する者の存在に他ならない。この「私」の気持ちが世界を作っているのだ。「遠くの空を、飛ぶ鳥」や「暮るる籬や群青の／空」といった詩行から伝わる平穏で静謐な雰囲気の世界は、語る主体である「私」の愛する者と一緒にいることの幸福感によって形成されている。この詩は作者の気持ちが投影された心象風景であるといえるだろう。

最初のＡさんの感想では、Ａさん個人の経験に即して「時こそ今は……」が語られていましたが、このケースではどうでしょうか。Ｂさんをあらわす「私」が登場しない、「です、ます」調ではない、「さん」付けをしてないといった形式面では問題がないようです。ここにはＢさんという特定の個人の限定的な経験は見られません。一つ一つの文章は、人間であれば誰しもが共通して抱く感情の綾が描かれていて、私の語っていることが、あなたにも当てはまるし、彼にも彼女にも当てはまるといえるのではないでしょうか。
　確かにここでの文章は個を超えた普遍性があるといえるでしょう。たとえば「私は中原中也さんの『時こそ今は……』の世界が、二人だけの特別な時間を歌い上げているという点で、素晴らしいと思います」という個人の思いの表出だったＡさんの文章と比べてみると、Ｂさんの文章は「中原中也の『時こそ今は……』は恋愛詩であることは一読してみれば、誰もが納得することである」と一般化されて主張されています。こうした個人の感想レベルではない、普遍的な視点に立って論が展開されていることは何となく分かるのではないでしょうか。
　しかし残念ながら、これは大学入試の小論文レベルです。大学の学期末の試験やレポートでもよく見かけるような文章です。一見すると、よくできているように見えますが、やはり評価に値するとは思えません。読んでみて、おかしいと思うでしょう。そして「自分ならそんなことはしないよ」と思うかもしれません。ですが、実際のレポートや答案ではこうしたパターンのものがたくさん出てきます。なぜ、こんなことになってしまうのでしょうか。それをちょっと考えてみましょう。原因は二つあります。まず一つ目です。一文一文は確かにもっともらしい文章です。ですが文章と文章のつながりに着目してみましょう。第一文は一般論として考えるとして、それ以降を読んでみると、文と文のつながりがはっきりしません。前の文章を受けて展開しているのか、対立しているのか、どうもすっと頭に入ってきません。これは後でまた問題にしますが、論理的な構造になっていないからです。
　二つ目です。Ｂさんの文章は、何を主張したいと思いますか。そう考

えると、Bさんの主張がなかなか浮き上がってこないのではないかと思います。それもそのはずです。ここには「問い」が見あたらないのです。大学のレポートでよく見かける残念なパターンは「問いを立てる」ということが欠如しているものです。確かにレポートや試験問題では「問い」が明確に明示されていることもあります。この場合はもちろん「問い」を立てる必要はありません。しかし大学のレポートなどでは「〜について自由に論ぜよ」という問題のパターンをよく見かけます。この場合は問いを自分で立てなければなりません。これがうまくいかない、あるいは問いを立てることに気づかないと上のようなレポートになりがちです。自由に論ぜよというのは、授業中、先生の語ったことを切り貼りしたり、参考文献でいわれていることを断片的につなぎ合わせたりして、何となく体裁を整えればよいのではなく、自由に「問いを立てて」論じなさいということなのです。そして当たり前ですが、「問い」が欠落していては、論を組み立てることはできません。論とは問いに対して正しさを検証し、結論づけることなのですから。そこに書かれていることがいくら個を超えて普遍的なものであっても、問いがなければ意味がありません。多くの「小論文」的な読解はこの「問い」が欠落しているのです。そして「問い」がなければ、論理的な構造を持った主張も生まれてきません。もちろん「問い」がないものはすべて駄目とはいいませんが、「問い」を立てることの重要性を知った上で、あえて「問い」を立てない戦略なのと、「問い」を立てることの重要性を知らずに立てないのでは雲泥の差があることはすぐに想像がつくでしょう。

　この「問い」を立てることが難しいのです。そして冒頭に示した「夏目漱石の『こゝろ』について自由に論ぜよ」という課題の戸惑いは、明確に指示された「問い」がないことに起因します。「問い」を自分で見つけ出し、それを論証するということが「自由に論ぜよ」ということに含まれていますが、この「問い」を立てるという経験が少ないがゆえに、戸惑ってしまうのです。つまり「どうやって読んでいいのか分からない」というのは、「どうやって問いを立てればいいのか分からない」ということになります。

この「問いを立てる」ということが、この本の主題、クリティカル・リーディングの出発点、いやクリティカル・リーディングの本質といってよいでしょう。

ポイント
1　感想文から脱却しよう！
　クリティカル・リーディングに必要なのは、「私」のその時の気持ちではなく、議論の対象となるような普遍的な主題。
2　小論文からも脱却！
　大学生の陥りがちな罠は、問いが欠如した小論文型の読み方、考え方に従ってしまうこと。クリティカル・リーディングには「問い」が必要である。

第2章
疑ってみよう、問いを立ててみよう

第1章での結論は、「問いを立てよう」ということでした。これが「はじめに」で述べた第一段階です。ルターの例のように、当たり前、常識として見過ごしてしまうものに立ち止まり、疑問の目を向けるようにしていかないと、クリティカル・リーディングに結びついていきません。この「立ち止まり」、それが「問い」です。それは些細なことから始まります。本を読んでいて、ふと感じる違和感、「あれっ？」というちょっとした気持ち、それが実は「問い」の端緒です。この「あれっ？」と思ったことを学問的な「問い」に変換していくことになります。そしてそれを検証するのが第二段階です。

　ところで何かのテキストに疑問を投げかけ、それを批判的に検証していき、文学論争を巻き起こした例があります。クリティカル・リーディングとはどういうものかを学ぶにはうってつけの例ですので、その論争を引き起こした作家を取り上げ、考えてみましょう。作者の書いたことに批判的な視線を投げかけ、その作者があたかも真実を叙述しているかのように振る舞っていながら、そこに何らかの作為を見出した作家とは大岡昇平です。

1 ‖ 大岡昇平と「堺事件」

　大岡昇平[6]は第1章で登場した中原中也と親交のあった作家で、京都帝国大学文学部の西洋文学第三講座（仏蘭西語仏蘭西文学）を卒業しました。卒論で取り上げたのはジッドでした。職業作家となってから、第二次世界大戦の時の戦争体験をもとにした『レイテ戦記』や『野火』といった作品を書いていますので、みなさんの中には読んだことのある人もいるのではないでしょうか。大岡昇平は論争好きで有名な作家でした

6　大岡昇平（1909–1988）　日本の小説家、評論家。代表作に『俘虜記』、『レイテ戦記』、『野火』など。また中原中也研究でも知られる。『中原中也』で野間文学賞受賞。

が、その彼が晩年に批判の目を向けたのが森鷗外[7]でした。森鷗外については今さら述べる必要もないでしょう。夏目漱石[8]と並ぶ文豪であり、帝国陸軍の軍医総監であり、そして文学博士であった人物で、「舞姫」で描かれた悲恋はみなさんもよくご存じのはずです。

その森鷗外の所謂歴史物のなかに「堺事件」という題名の作品があります。大政奉還直後の堺を舞台にした一種の攘夷運動を描いたこの作品を大岡昇平は取り上げます。攘夷運動は、高校の時の日本史で習ったと思われますので、初めて聞く言葉ではないでしょう。簡単にいってしまえば、幕末の王政復古運動と一体となって展開した外国人排斥運動です。一体、この攘夷を扱った鷗外の作品に何があったのでしょうか。まずはそのあらすじを追って見ましょう。「堺事件」の概略については、大岡昇平が簡潔にまとめてくれているので、それに従ってみます。

> 「堺事件」は兵庫開港と新政府の外国交際への方針変更に伴い、京阪に起った三つの外人殺傷事件の一つだが、鷗外の小説によって最も有名である。慶応四年（明治元年）二月十五日（一八六八年三月八日）、泉州堺警備の土佐藩兵が、港内を測量し、上陸したフランス水兵十一名を殺し、五人を負傷させた。この年一月鳥羽伏見の戦い、大坂城炎上、慶喜東帰、征討軍出発と続いて、日本の歴史は決定的な転回点を通過していた。京都の新政府はそれまでの攘夷の方針をすて、京都御所における各国公使の謁見を交渉中であった。新政府が文明国のルールを守り、違反者を処罰することができることを示さねばならなかった。一月十一日、岡山藩兵が神戸で起した外国兵との衝突では、隊長滝善三郎が切腹していた。堺事件ではフランス公使ロッシュの要求通り、下手人二十名をフランス人立会いの下に、切腹させることになった。しかしフランス人は十二人目に

7　森鷗外（1862–1922）　日本の小説家、評論家、翻訳家、軍医総監。『舞姫』、『ヰタ・セクスアリス』、『雁』、『阿部一族』、『即興詩人』等。晩年は東京帝室博物館総長、帝国美術院院長などを歴任。

8　夏目漱石（1867–1916）　日本の小説家、翻訳家、英文学者。『吾輩は猫である』『三四郎』『それから』『門』『行人』『こゝろ』等。

到って場外へ去り、あとの九名は助命された。土佐に送り返され、流罪となった。

大岡昇平「『堺事件』の構図」

2 ‖ 大岡昇平が「あれっ?」と思ったこと

　この作品の何に大岡昇平は疑問を感じたのでしょうか。実は大岡昇平は、何に「あれっ?」と思ったかは書いていません。そうした意味では直接、彼の感じた違和感を知ることはできませんが、彼が残した文章から推測はできます。大岡昇平は堺事件の始末で、関係者が日本・フランス人の立ち会いの下に切腹させられる場面にどうも疑問を感じたようです。大岡昇平の「『堺事件』疑異」という小文に次のような一節があります。

　　鷗外は立会いとして、フランス側は公使ロッシュほか士官数名、日本側は山階宮、外事係東久世通禧、伊達宗城列席のハレの場を作っている。しかしハレといっても血が流れるハレである。皇族がそんなところに列席するのはあり得ないことである。

大岡昇平「『堺事件』疑異」

　大岡昇平は切腹の場に皇族が居合わせたという鷗外の記述に「あれっ?」と思ったことが想像されます。どうも変ではないか、という直観が働いたのでしょう。つまり切腹の場のような貴族の作法ではない場に、貴族、しかも皇族が居合わせることは不自然で、これは鷗外の空想の産物なのではないかと大岡が疑っていることが文脈から想像されます。これを大岡は「うさん臭さ」とも表現しています。それまでは鷗外の「堺事件」は「主題と文体に統一があり、長さも手頃で、その前に書かれた『大塩平八郎』よりも『よくできた歴史小説』という評価」(「『堺事件』疑異」)でしたが、大岡昇平はここについつい見過ごしてしまうよう

なものを嗅ぎつけ、疑問に付したのです。つまり大岡はこの「山階宮」という固有名詞から、「堺事件」は鷗外が歴史事実を歪曲させた歴史小説なのではないかと考えたようです。鷗外は何らかの意図をもって、歴史的事実からすると台臨していなかったであろう山階宮[9]をあえて登場させていると大岡は感じたのでしょう。ともかく森鷗外の「堺事件」の該当する本文を読んでみましょう。

テキスト1

　臨検(りんけん)の席には外国事務総裁山階宮(そうさいやましなのみや)を始として、外国事務係伊達(だて)少将、同東久世(ひがしくぜ)少将、細川、浅野両藩の重役等が、南から北へ向いて床几(しょうぎ)に掛かる。土佐藩の深尾は北から東南(とうなん)に向いてすわる。大目附(おおめつけ)小南(こみなみ)以下目附(めつけ)等は西北(せいほく)から東に向いて並ぶ。フランス公使は銃を持つた兵卒二十余人を随(したが)えて、正面の西から東に向いてすわる。其他薩摩(さつま)、長門(ながと)、因幡(いなば)、備前(びぜん)等の諸藩からも役人が列席してゐる。

森鷗外「堺事件」

　問題の箇所は「外国事務総裁山階宮を始として、外国事務係伊達少将、同東久世少将、細川、浅野両藩の重役等」というところでしょう。この一節、特に「山階宮」に大岡昇平は疑問を感じたということです。ところでこれを検証するにはどうしたらよいでしょうか。森鷗外は「堺事件」を全て想像で書いたわけはないので、必ずもとにした歴史資料があるはずです。というよりもあると考えなければなりません。

　大岡昇平も同じように考えたらしく、彼は森鷗外の蔵書を調べました。森鷗外の蔵書は、鷗外没後、東京大学に寄贈されています。それを調べると森鷗外が「堺事件」を執筆するにあたって参照した資料は、佐々木甲象という人物が明治26年に出版した『泉州堺烈挙始末』という本であることが分かります。これは作者が関係者の手記や藩庁の記録などをもとにまとめたものです。鷗外がこれをもとにしたことは、東京大学総

9　山階宮　山階宮晃親王（1816–1898）のこと。日本の皇族。明治維新後外国事務総督などの要職に就いた。

合図書館に鷗外の書き込みのある同書が存在することから間違いのないことです。現在、この鷗外の書き入れのある本はデジタル化されて、一般に公開されています。東京大学総合図書館の鷗外文庫の「書入本画像データベース」で閲覧することができます（http://rarebook.dl.itc. u-tokyo.ac.jp/ogai/data/G29_142.html）。また現在、国立国会図書館のデジタルコレクションでも、鷗外旧蔵本ではありませんが、同書の全文を読むことができます。みなさんも興味がありましたら、これらのデジタルコレクションにアクセスしてみてください。

　さてその資料を使って、テキスト1を大岡昇平に寄り添って検証してみましょう。

　　扨又た当日臨検の人々には外国事務惣裁山階宮を始とし外国事務輔宇和島少将同東久世前少将及ひ浅野細川両蕃重役等は南より北に向つて各々胡床に着かれ土藩家老深尾鼎は北より東南に向ひ大監察小南五郎右衛門外監察役は西北より東に向ひ威儀厳然と列坐すれば割腹の正面即はち西より東に向ひ仏国人ミンストル検視として椅子に腰打架け他二十余の同国人は小銃を携帯して其の後ろに立ち時々鼻揺めかして場内を見廻す

　　　　　　　　　　　　　　　　佐々木甲象『泉州堺列挙始末』

　この『始末』での記述に基づいて鷗外はテキスト1の箇所を執筆しています。読み比べてみると、鷗外は佐々木の文章に忠実に従っているので、森鷗外が事実に反して脚色して表現しているかもしれないという大岡昇平の直観は外れてしまったといえるでしょう。実際、『始末』には、「外国事務惣裁山階宮を始とし外国事務輔宇和島少将同東久世前少将及ひ浅野細川両蕃重役等」と山階宮の名がはっきりと挙げられています。

　しかし後に刊行された資料と照らし合わせてみると、実際にこの処分に立ち会ったのは日本側からは外事係五代才助（友厚）[10]、土佐藩家老深

10　五代才助（友厚）（1836–1885）　日本の実業家。明治期の大阪経済の立役者。大阪商法会議所（現大阪商工会議所）の創立者。

尾鼎[11]、フランス側からは問題の船の艦長と士官数名で、大岡の直観自体は外れていなかったということになります。要するに宮家、大名などが居並ぶ威儀を正したものとしたのは、『始末』の誇張ということになります。鷗外が使用できた資料に限界があったので、その後、判明した歴史とは異なるものが当時、史実と見なされていたことになります。

コラム：電子書籍

　最近、よく「紙の本は消滅する」などといわれるくらい、書籍の電子化というものが進んでいます。個人的には紙の本が好きなので、紙の本はなくならないだろう、いやなくならないでほしいと思っているのですが、そういう私でも、電子書籍はやはり利用します。

　電子書籍は本の通販会社のものが有名で、みなさんのなかにもタブレットなどの端末を使って読書している人がいるかもしれません。その利用の仕方をここで説明する必要もないと思いますので、ここではちょっと別の電子書籍のお話をしたいと思います。

　実は国立国会図書館では、蔵書している貴重書を電子データにして、インターネットで公開しています。国会図書館デジタルコレクションです。URL は次のようになります。

　http://dl.ndl.go.jp

　先ほど引用した佐々木甲象の『泉州堺烈挙始末』もこのシステムを利用して閲覧することができます。このコレクションは画像データですので、本文を参照できるだけでなく、どういう形態で出版された、あるいは書かれた本なのかということも分かります。こうしたデータが増えていけば、家にいながら多くの文献を検索、参照できるようになります。

　こうした過去の書物を電子化する動きは欧米でインターネットが普及し始めた頃から加速度的に進みました。1971 年に始まったグーテンベルグ計画は、インターネットの普及とともに収録作品数を増やしていきました。そのため欧文の古典籍の電子化は日本よりも早く進んでいきまし

11　深尾鼎（1827–1890）　本名深尾重先。土佐藩（現高知県）藩士。

た。この際当初は、本文をテキスト・データにする傾向が強かったのですが、その後、PDF や画像の形で公開する傾向に変わりました。テキスト・データ版は、キーワード検索をするのには便利ですが、その本が出版されたときの多くの情報が抜け落ちてしまいます。その後 PDF であってもキーワード検索が可能になると、PDF の形で公開し、出版当時の形態を含めた情報を知ることができる上、検索までできるという便利な状態になりました。

　私はフランス文学が専門なので、フランスに限って言及しますが、フランスの国立図書館の Gallica と呼ばれる電子テキストのアーカイブは素晴らしいものです。ここには著作権の切れたテキストの本文が PDF や画像データの形で閲覧できるようになっています。しかもこの PDF や画像のデータを自分のパソコンにダウンロードすることもできます。こちらのサイトは以下のようになっています。

　http://gallica.bnf.fr

　興味があったらのぞいてみてください。多くのフランス文学の研究者が資料調査のためにわざわざフランスまで行かなくてもよくなってしまったといってもよいぐらい充実したアーカイブです。

3 ｜「堺事件」の「切盛」と「捏造」

　しかし大岡昇平は、この鷗外の一節から「堺事件」の記述そのものがかなり歴史事実と異なったものになっているのではないかと感じたのでしょう。全体に対する検証を行っていきます。その結果、大岡昇平は鷗外の「堺事件」のいくつかの点で史実とは異なる「切盛と捏造」が見られると批判します。「切盛」にしても「捏造」にしても穏やかな言葉ではありません。これはおそらく作者が歴史資料を作為的に選別し、場合に

よっては史実からは帰結できないことを潤色して小説に盛り込んでいることを意味すると思ってよいでしょう。しかし司馬遼太郎[12]にしても、山本周五郎[13]や藤沢周平[14]の歴史小説にしても、資料と資料のあいだの空隙を想像力などで埋めることによって、生き生きとした人間のドラマが展開されるのですから、これをもって作者が不誠実だとなじるのは厳しすぎる気がします。大岡昇平がもちろんそのことを知らなかったわけではないでしょう。彼自身も小説家として一生を過ごしたのですから。ではなぜ大岡昇平は「切盛」や「捏造」といった強い言葉で鷗外を批判したのでしょうか。それは鷗外が歴史小説を書くにあたって取ってきた態度に関わります。鷗外は歴史を「歴史其儘」に記述するという態度を取ります。そのため修辞的な文句や作者による潤色は極力省き、淡々と事実のみを列挙していきます。実際、「阿部一族」にしても「大塩平八郎」にしてもその淡々とした語り口が、封建社会の非情さを効果的に伝えています。

この一見したところ、史実至上主義であるような鷗外の作品が、そうではないことを大岡昇平は指摘していきます。その一例を見ていきましょう。

テキスト2

　二月十五日の事である。フランスの兵が大阪から堺へ来ると云ふことを、町年寄が聞き出して軍監府へ訴へ出た。横浜に碇泊してゐた外国軍艦十六艘が、摂津の天保山沖へ来て投錨した中に、イギリス、アメリカと共に、フランスのもあつたのである。杉は六番、八番の両隊長を呼び出して、大和橋へ出張することを命じた。フランスの兵が若し官許を得て通るのなら、前以て外国事務係前宇和島藩主伊達伊予守宗城から通知がある筈であるに、それが無い。よしや

12　司馬遼太郎（1923–1996）　日本の歴史・時代小説作家、評論家。『龍馬がゆく』、『坂の上の雲』、『翔ぶが如く』、『国盗り物語』、『城塞』等。
13　山本周五郎（1903–1967）　日本の小説家。『樅ノ木は残った』『ながい坂』『赤ひげ診療譚』『さぶ』等。
14　藤沢周平（1927–1997）　日本の小説家。「暗殺の年輪」で直木賞受賞。『隠し剣孤影抄』『蝉しぐれ』等。

通知が間に合わぬにしても、内地を旅行するには免状を持つてゐなくてはならない。持つてゐないなら、通すには及ばない。杉は生駒と共に二隊の兵を随へて大和橋を扼して待つてゐた。そこへフランスの兵が来掛かつた。その連れて来た通弁に免状の有無を問わせると、持つてゐない。フランスの兵は小人数なので、土佐の兵に往手を遮られて、大阪へ引き返した。

森前掲書

　一文一文確認していきたいところですが、紙幅の関係もあるので、下線のところを佐々木甲象の文章と比較してみましょう。
『始末』には次のようにあります。

　依て時刻を量り大和橋迄出張有べしとの事なれは、両隊長旨を領し部下を卒ゐて出張するに果して重役とも思ふ仏人二名他同国人数名宇和島役人同三名通弁一名附属して出で来れり乃ち兵隊をは橋の此方に整列せしめ杉生駒の両人進んで通弁に向ひ外人内地旅行するには証券の携帯を要す先づ之を示すべしと云ふに彼応答模糊として判然せざれは重ねて若し証券を携へざれは決して通行許す可からす速やかに引返すべしと詰りけるに彼辞に屈し外人と何にか私語しつゝ遂に浪華路へ引返しければ両隊も亦た糸屋町なる下陣へと引取りぬ

佐々木前掲書

　鷗外の文章と比較してみると、鷗外は『始末』の記述に忠実に従っているようにも見えます。しかし子細にみてみましょう。鷗外はフランス人一行を単に「フランスの兵」としていますが、『始末』では「重役とも思ふ仏人二名他同国人数名」と詳細に書いています。大岡昇平はこの点にこだわり、「『重役』とは、藩でいえば家老、大目付などの重職を指す。事実この時来たのは、ロッシュ[15]の乗艦ヴェニュス号の艦長ロアと兵庫

15　レオン・ロッシュ（1809-1900？）　フランスの外交官。駐日フランス公使。幕末期、江戸幕府を支持した外交活動を展開。

副領事ヴィヨーであった」と指摘しています。さらに付き添いの日本人に関して、鷗外はあたかも通弁一名でしかないような書き方ですが、『始末』によれば、「宇和島役人同三名通弁一名」が随行していることになっています。宇和島藩の役人というのは外国事務係の総督の一人が前宇和島藩主伊達宗城[16]でしたので、外国事務係の役人ということになります。つまりこの一行はかなり公的な色彩の強いものだったはずです。このことも大岡昇平は「今日でいえば、外務省書記官が付いて来たようなものである」として、こうした公的な性格を示す文言を鷗外が削除していることに疑問を投げかけています。こうした記述から大岡昇平は「フランス兵が不法にも大和橋を突破しようとしたが、土佐藩兵の威力に会って果たせなかった、という人を馬鹿にしたフィクションになっているのである」と断ずるのです。

　大岡昇平によればこうした森鷗外による「切盛と捏造は、『堺事件』全編で二十数カ所ある」とのことです。それをここでは一々指摘することは止めましょう。ここでの目的は、一見すると何気なく、何の躓きもなく読み過ごしてしまう文章や単語に作者の何らかの意図が潜んでいる可能性があることを実感してもらうことなのですから。では大岡昇平が推理する森鷗外の意図とは何かといえば、「土佐兵の正当性と殉難」です。そのためにフランス人は不法であり、土佐藩兵が政府の命に忠実に対応したにもかかわらず悲劇的な結果をもたらすことになったというふうに物語を作り上げなくてはならなかったとしています。

　ところでもう一つ、大岡昇平は鷗外の操作がもっとイデオロギー的なものによって引き起こされていることも指摘しています。それは切腹の場面という物語のクライマックスのあとの部分で、生き残った藩士の半生を叙述した箇所です。フランス側の要求により9名が切腹を免除されることになりますが、その9名が土佐に送られて親類預かりとなってからの話です。彼らはこの処分を不当として、早く処置を決定してほしいと藩に訴え出ます。5月20日になって呼び出され、処置を言い渡されます。

16　伊達宗城（1818–1892）　日本の大名、政治家。宇和島藩第8代藩主。明治維新後、外国事務係総督などを歴任。

テキスト3

　五月二十日に、南会所から九人のものに呼出状(よびだしぢやう)が来た。本人は巳(こ)の刻(こく)、実父(じつぷ)又は実子のあるものは、その実父、実子も巳の刻半に出頭すべしと云ふのである。南会所では日附の出座(しゆつざ)があつて、下横目が三箇条(かでう)の達しをした。扶持切米召し放され、渡川限西(わたりかわかぎりにし)へ流罪(るざいおほ)仰せ付けられる、袴刀(はかまかたな)のままにて罷(まか)り越して好いと云ふのが一つ。実子あるものは実子を兵卒に召し抱え、二人扶持切米四石(にんぶちきりまいめ)を下し置かれると云うのが二つ。実子のないものは配処(はいしよ)に於いて介補(かいほ)として二人扶持を下し置かれ、幡多中村(はたなかむら)の蔵から渡(つか)し遣はされると云ふのが三つである。

森前掲書

　この文章中、大岡昇平が問題にしているのは下目付が読み上げた三箇条です。流罪という厳しい処分がいい渡されます。これは『始末』に原文が掲載されています。

　朝廷御沙汰を以て扶持切米被召放渡川限り西へ流罪被仰付候事此上御含みの筋被為在候而実子有之三人の世倅は於御目附方弐人扶持御切米四石被下置新規兵士に被召抱候事
　実子無之六名は於配処御介補として弐人扶持允被成遣幡多中村御蔵において被渡遣候事

佐々木前掲書

　漢文混じりの難しい文章ですから、困ってしまった人もいるかもしれません。ですが、基本的な内容は鷗外の本文で書いてあることと同じなので、読み下しができなくても鷗外の文章で意味がとれていれば結構です。ただ一点だけ注目してほしいのです。それは「朝廷御沙汰を以て」という書き出しのところです。ここだけで十分です。これが鷗外の文章にはありません。佐々木甲象の資料によれば、9名の処分は、大政奉還

38

後の新政府、つまり明治政府の決定によるものなのです。ところが鷗外はこの「朝廷御沙汰」を削除しています。そうなると話の流れからこの沙汰は土佐藩単独のものということになり、新政府は関与していないことになります。これが問題であると大岡昇平はいうのです。というのもこの作品の最後は明治天皇が即位するに際し、この9名に恩赦を与えたと結んでいるからです。

> 一方には無法な洋夷としてフランス人がおり、他方これを排除せんと決意し、皇国意識に目醒めた土佐藩士がいる。彼らは洋夷の圧力によって切腹しなければならなかったが、正にその切腹によって洋夷を遁走せしめた。土佐藩は助命された九名を流罪にしたが、天皇制は幼帝即位を機に特赦する仁慈と権威を持っている。
>
> 　　　　　　　　　　　　　　　　大岡「『堺事件』の構図」

　ここには明治政府を支える一種の国家イデオロギーが隠されていて、その影響下で史実を改変して伝えているのにそれを「歴史其儘」というのは許せないというのが、大岡昇平の気持ちであったのでしょう。大岡昇平は戦争体験も影響しているのでしょうが、国家イデオロギーに対して強い反発を示す傾向があり、それがここにも表れているといえます。またこうした批判は、真実の追求として自己の作品を常にクリティカルに捉え直し、訂正を施し、書き換えを行って一生を過ごした大岡の創作態度と密接に関係しているでしょう。そして大岡は批判するだけでなく、この堺事件を題材に『堺港攘夷始末』という作品を書いていることもつけ加えておきましょう。これが大岡の絶筆となりました。

4 │「堺事件」から学ぶべきこと

　ところで鷗外の肩を持つわけではありませんが、鷗外が大岡昇平と同

じように、堺事件を扱った資料をクリティカルに検証できる環境にあったかといえば、そうではありません。大岡が検証した資料のほとんどを鷗外は手にすることはできませんでした。そのため、やや、大岡の批判は「それは無理だろう」というところがなくはありません。しかし、ここは森鷗外と大岡昇平を評価する場ではありませんし、このことによって引き起こされた論争についてもコメントする場でもありません。あくまでここでまず問題にしたいのは、繰り返しになりますが、何気なく読んでしまう文章に作者の何らかの隠された意図を見出す態度が重要であるということです。もちろんそれに気づかずに読んでも問題はないでしょう。しかし確認しておきたいことは、クリティカル・リーディングとは大岡昇平のように綿密に文章を読み込み、読者の盲点になっているものを浮かび上がらせることにあります。当たり前と思ってしまうことを徹底的に検証する大岡の態度は、クリティカル・リーディングを考えた時、見本となるべきものです。

　確かに最終的に大岡昇平が導き出した結論が妥当なものかどうかは議論の余地があるかもしれません。それについては私は専門家ではないので評価できませんが、クリティカル・リーディングを通して、問題点を浮き彫りにし、テキストの背後にあり、それを支えている何らかのものを抽出するという態度は重要であり、見習うべき点です。

　この大岡昇平の例は何を私たちに教えてくれるでしょうか。まず何よりも何気なく読み流してしまう一節に、疑問を投げかけていることです。この場合は、「武士の切腹の場に、皇族が立ち会うはずはないだろう」という半ば直観的な疑問です。この疑問のきっかけはやや思いつき程度のもの、直観的なものでも問題ありません。変だな、前後の文章から浮いているような気がする、そうした印象が大切です。そしてそれを学問的な「問い」に変換していき、「問い」に対し、検証していくことになります。

　そして「検証」には、それが正しいのか、あるいはそれがどれほど特異なものなのかを判断するためにも、テキストとは別に、参考文献の分析が必要になってきます。つまりテキストを正確に読むためには、テキ

スト以外の文献が必要なのです。ここで大岡昇平が検証に使ったのは、主として鷗外が典拠とした『泉州堺烈挙始末』です。確かに検証にもいろいろなレベルがあります。数式の妥当性や統計などの信頼性などを調べるのも検証といえるでしょう。ですが、ここでいう検証とは「裏を取る」ということだと理解してください。刑事ドラマなどで「裏は取れたか」という言葉を耳にしませんか。あるいは新聞記者がデスクから「ちゃんと裏は取ったのか」と怒鳴られる場面をよく見かけませんか。「裏を取る」ということですが、「裏」とは「裏付け」のことです。つまり真偽を判断する証拠や根拠のことです。テキストに書かれていることから抽出した「問い」に対する推測が間違いないか、あるいはそれを聞いたり読んだりした人が、この検証をたどると誰もが同じ結論に達することができるようにするためのものが「裏を取る」ということです。

　こうして対象となる作品が経糸とすれば、さまざまな参考文献は緯糸であって、この経糸と緯糸の組み合わせによって、クリティカル・リーディングという織物はでき上がります。

　そしてクリティカル・リーディングは「問い」から「仮説」、そして「検証」という一連の作業を通して、表層からはうかがうことができないけれど、テキストの下でテキストを支えているものを浮き彫りにすることができるようになります。ちょっと注意してほしいのは、このテキストの下に潜むものは一つではないということです。見方を変えるといくつも別のものが発見できる豊かさをもっているものなのです。

　さて、次章からはこの「問いと仮説」、それに「検証」についてお話しします。まず「問い」について考えてみましょう。これは大別すると、二種類に分けられます。一つは「語の意味」を問うものです。もう一つは文章の「論理」を問うことです。

> **ポイント**
> クリティカル・リーディングとは
> 1　「あれっ?」と思ったことから「問い」を立てる。
> 　　「問い」のパターンは
> 　　　〈語の意味〉を疑う
> 　　　〈論理の構造〉を疑う
> 　　の二つに大別される。
> 2　その「問い」をさまざまな文献を使って検証することで、独りよがりでない読みを形成することである。

第3章
〈語の意味〉を疑ってみよう

クリティカル・リーディングの第一歩は、まず書かれてあることを疑い、何気なく読み流してしまう箇所に敢えて立ち止まって、仮説を立て、検証することです。そうすることでそれまで私たちがごく一般的に抱いていた風景とは異なる風景が広がっていくことがあります。
　「私たちが当たり前だと思って疑問にする必要さえ感じない常識を疑ってみる」
ということから出発しましょう。テキストにあたかも常識のように、あるいは真理であるかのように書かれていることを疑ってみることです。
　でもテキストのどこからそれを見つけ出すのかということになると、残念ながら経験とカンしかないという身も蓋もない結論になってしまうのですが、このカンは訓練によって磨くことができます。まず、大切なことは、みなさんが「何かおかしくないか、この考えはどうしても納得がいかない」といったものがあるはずだという態度で、テキストに接してみることです。簡単にいうとテキストを読んで「あれっ？」とか「おやっ？」と感じた箇所をピックアップしていくということです。そうした経験の積み重ねがカンを研ぎ澄ませてくれます。ひいてはこれが学問的な「問いを立てる」ということとつながっていくわけです。「疑う」とは「問い」を立てることに直結しています。そして「問い」がなければ、仮説も生まれてきませんし、論も作れません。「疑う」とはこうした意味でまさに第一歩なのです。ともかく私たちも一歩踏み出してみましょう。
　では、文章を読んでいて「おやっ？」や「あれっ？」という違和感みたいなものはどのように見つけたらよいのでしょうか。多くの場合、読んでいて違和感を覚えるのは、語の使用法が自分の使っている用法と何か違うような気がするという場合と、話の流れがどうもおかしい、あるいは流れが見えなくなってしまったという場合です。これは「〈語の意味〉を疑う」ということと「〈論理〉を疑う」ということに集約することができます。
　この章では、「〈語の意味〉を疑う」と「〈論理の構造〉を疑う」の二つのうち〈語の意味〉について考えてみましょう。意味を疑い、意味を問うといっても、単に辞書をひけば分かるようなものを問題にするわけ

ではありません。それは辞書を引けば分かってしまうことです。ここで意味を問うというのは、何気なく使われているにもかかわらず、違和感を感じる言葉やどうやら作者が独自の意味を付加させて用いていると思われる語です。前者の場合、自分がふだん使っている意味とどうもズレがあるようだと感じるため、「あれっ？」という疑問が生じることになります。後者の作者が独自の意味を付加させている場合も、読んでいてどうも自分が普段使っている意味では、なんだか理解できないなあ、と感じます。こうしたことが「あれっ？」ということで、ここから「それは何ですか」と問うことになります。繰り返しになりますが、これには直観がものをいいます。そしてこれは「はじめに」で述べた「難解さの壁を乗り越える」につながっています。難解さの原因は、書いてあることが分からないことに起因します（当たり前です）。その原因の一つが用語の意味のズレなのです。

　「習うより、慣れろ」です。カンを研ぎ澄ますには訓練しかありません。ここでは、実際にテキストを使って「あれっ？」や「おやっ？」と引っかかる箇所を見つけてみましょう。その際、その作者独特の特殊な用法であれば、それは比較的簡単に見つかります。一方、私たちが普段、何気なく使っている言葉に作者が独自の意味を附与したり、その時代の心性を反映し、現在とは異なった意味が与えられていたりしているものとなると探し出すのはちょっと難しくなるかもしれません。

　ここでは3つのパターンを紹介しましょう。

1　作者が独自の意味を付加した特殊な言葉を探し出す。
2　専門領域の言葉、すなわち術語であるが、日常的にも使われている言葉。しかし違和感を感じるものを探し出す。
3　日常会話で使われるような一般的な言葉なのに、なぜか何か引っかかるものを探し出す。

　これが「問い」を形成する出発点になります。もちろん「あれっ？」と思う瞬間は上記のようなパターンだけではありませんが、ここではこ

第3章　〈語の意味〉を疑ってみよう

の三つのパターンに絞って考えてみましょう。

1 ｜ 作者独特の言葉をあぶり出す

〈語の意味〉を問うといってもなかなか難しいことです。一語一語、単語を調べていくのはナンセンスであるということはすぐに想像がつきますし、おそらくその労力に比して、得られるものはあまりない不毛な作業となってしまうでしょう。〈語の意味〉を考え、疑うにもコツがあります。それはまず対象となっているテキストに表れる、その作者独特の言葉や作者の造語などを見つけることです。その言葉には、作者独自の思想が込められていることが多く、そうした意味では読んでいて、ちょっと引っかかる感じがするものです。最初の例はそうした作者独特の言葉を問題にしたいと思います。これはコツをつかめば比較的容易に発見することができるようになります。まずはテキストを読んでみましょう。

> **テキスト1**
>
> 恐れ多い事であるが、昔は、天子様の御身体は、魂の容れ物である、と考へられて居た。天子様の御身体の事を、<u>すめみまのみこと</u>と申し上げて居た。<u>みま</u>は本来、肉体を申し上げる名称で、御身体といふ事である。尊い御子孫の意味であるとされたのは、後の考へ方である。<u>すめ</u>は、神聖を表す詞で、<u>すめ神</u>のすめと同様である。<u>すめ神</u>と申す神様は、何も別に、皇室に関係のある神と申す意味ではない。単に、神聖といふ意味である。此非常な敬語が、天子様や皇族の方を専、申し上げる様になつて来たのである。<u>此すめみまの命</u>に、天皇霊が這入つて、そこで、天子様はえらい御方となられるのである。其を奈良朝頃の合理観から考へて、尊い御子孫、といふ風に解釈して来て居るが、ほんとうは、御身体といふ事である。魂の這入る御身体といふ事である。

此すめみまの命である御身体即、肉体は、生死があるが、此肉体を充す処の魂は、終始一貫して不変である。故に譬ひ、肉体は変つても、此魂が這入ると、全く同一な天子様となるのである。出雲の国造家では、親が死ぬと、喪がなくて、直に其子が立つて、国造となる。肉体の死によつて、国造たる魂は、何の変化も受けないのである。
　天子様に於ても、同様である。天皇魂は、唯一つである。此魂を持つて居られる御方の事を、日の神子といふ。そして、此日の神子となるべき御方の事を、日つぎのみこといふ。日つぎの皇子とは、皇太子と限定された方を申し上げる語ではない。天子様御一代には、日つぎのみこ様は、幾人もお在りなされる。そして、皇太子様の事をば、みこのみことと申し上げたのである。

折口信夫「大嘗祭の本義」

　いきなりハードルが高くなった気がしますね。この古文とも近代文ともつかない独特な文章の書き手は折口信夫[17]です。折口信夫という人は不思議な魅力を持っている人です。大阪に生まれ、國學院大學に進学し、その後、國學院大學と慶應義塾大学で教鞭を執った人物です。彼は柳田國男、南方熊楠と並ぶ日本の民俗学草創期の逸材であり、古代人の心性から国文学の発生を説き、その民俗学と国文学を集成して「折口学」と呼ばれる独自の学問体系を築き上げました。折口信夫の文章は独特のリズムがあって、慣れないと読みにくいかもしれません。たとえば折口は意図的に段落冒頭の一字下げをしていません。また本居宣長、平田篤胤らの国学の流れを受けているので、漢心を反映している漢語を避けて、和語で表記する傾向が強いです。それがまた彼の文章を読みにくくさせているのかもしれません。それはさておき、このテキストは折口が昭和3年に書いた「大嘗祭の本義」というものです。

17　折口信夫（1887–1953）　日本の民俗学者、国文学者、国語学者。また歌人でもあり、釈迢空と号した。『古代研究』、『海やまのあひだ』、『死者の書』等。

⦿何を問題にするのか

さて、では問題です。

【問題】
折口信夫のテキスト文を読んで、気になった語を挙げてください。

これは個人の体験や知識、センスなどが関わってくるので、答えが一つしかないということはありません。読み手がそれぞれ考えることなので、答えが複数あっても問題ありません。ですので「答えはこれだ！正解していたか？」というようなものは提示できませんので、本書では私個人が「あれっ？」と思った箇所を挙げてみます。その上で、その理由を述べますので、ああ成る程と納得するか、いやいやそれはおかしいと反発するかしてください。

ところでこの課題文を読んで、「おやっ？」と思うのは、ほとんどの人が一緒ではないかと思われます。それは「天皇霊」あるいは「天皇魂」という言葉です。この二つの単語はほぼ同じことを意味すると思うのですが、これは普段、私たちが使っている言葉ではありません。この文章のなかでは「天皇霊」は際だって違和感があります。そしてこの場合、「天皇霊」はこの課題文を理解するキーワードにもなっているような気がしませんか。そうなのです。だいたい違和感があるとして引っかかる言葉は、そのテキストの理解の要となることが多いのです。

折口信夫の「天皇霊」に戻ると、実は折口学を研究している人にとってこの「天皇霊」は有名な語です。折口には独特の用語があって、それらを総称して「折口名彙」と呼び習わされています。その代表格がこの「天皇霊」なので、知っている人にとっては今さらといったものなのですが、今、この本を読んでいる人はそのことを知らないという前提で話を進めたいと思います。

「あれっ？」と思ったことがあったら、今度はなぜ、「あれっ？」と思ったのかを考えながら読み返してみましょう。テキストを整理すると、古代人の天皇観が問題になっていることが分かります。そしてこの天皇

観を理解するには、身体と魂の二つの要素が重要であることも分かってきます。このうち魂のほうがより重要らしく、それは天皇を天皇たらしめる永遠不変の属性を持っているものとされています。この魂が身体に入ると天皇になるということが書かれています。前提はあくまでも折口が考えた古代の天皇観です。これを西洋流の近代的思考に慣れた私たちの発想から、ナンセンス！　などとはここでは考えないことにします。すると、私ならとりあえず、次のようなことが気になってきます。

1　「天皇霊」という魂が身体に取り憑くという発想はどこまでが折口信夫のものか。すべてなのか、それとも何かモデルがあって、それを発展させたものか。
2　「天皇霊」は折口信夫の造語なのか、それとも何か出典があるのか。

　こうしてみると、「あれっ？」と直観的に思ったことが少し学問的な問いに変わってきた気がしませんか。「天皇霊って何？　よく分かんない」という直観から、それをみんなで議論できる（必ずみんなでしなければならないという訳ではないですよ）問いに変換することが重要です。
　ところでここで「問い」を立てるのですが、この背後には次のような考えが潜んでいます。つまり1に関しては「天皇霊」は、折口の完全な独創ではなく、何かのモデルがあり、それとの偏差を探ることで、折口の独創部分を浮き彫りにできるかもしれない。2に関しては「天皇霊」という言葉は折口の独創ではなく、ほかのどこかにきっと出典があるはずだ。本来の用法と折口の用法の偏差も考えることができる。

⦿「天皇霊」とは何か

　では次にこのことを検証しましょう。これからは第二段階です。いずれの問いもただテキストとにらめっこしていただけでは答えは浮かんできそうもありません。これだけで分からないのであれば、少し拡大して、テキスト以外の折口の文章を参照してみることを考えてみましょう。そ

のための補助線を入れましょう。折口信夫が「天皇霊」に関連して「大嘗祭の本義」の別のところで次のように述べています。

> 日本の古代の考へでは、或時期に、魂が人間の身体に、附着しに来る時があつた。此時期が冬であつた。歳、窮つた時に、外から来る魂を呼んで、身体へ附着させる、謂はゞ、魂の切り替へを行ふ時期が、冬であつた。吾々の祖先の信仰から言ふと、人間の威力の根元は魂で、此強い魂を附けると、人間は威力を生じ、精力を増すのである。
> 此魂は、外から来るもので、西洋で謂ふ処のまなあである。此魂が来て附着する事を、日本ではふるといふ。そして、魂の附着を司る人々があつた。毎年、冬になると、此魂を呼んで附着させる。すると春から、新しい力を生じて活動する。今から考へると、一生に只一度つければよい訣だが、不安に感じたのでもあらう。毎年繰り返した。新嘗を毎年、繰り返すのと同じ信仰で、魂は毎年、蘇生するものだ、との考へである。此復活の信仰は、日本の古代には、強いものであつた。
>
> 折口前掲書

この文章によれば、古代人は魂が身体に附着しに来ると考えていたということです。こうしたものはいわば外来魂と呼ぶことができると思います。何のために附着するのかというと「新しい力」を生じさせるためです。この魂が「西洋で謂ふ処の『まなあ』」です。この外来魂である「まなあ」を折口が天皇にまで拡大するとき、「天皇霊」が現れます。「天皇霊」とは「まなあ」のような外来魂なのです。すなわち、

　　天皇霊＝「外来魂」＝「まなあ」

という公式が抽出できます。折口の「天皇霊」の考え方の根本には、どうも「まなあ」というものがあるようです。ではこの「まなあ」とは何

でしょうか。これもすでに指摘されていることですが、イギリスの人類学者コドリントン[18]がメラネシアで調査した際、発見したメラネシアの神観念「マナ」のことです。コドリントンはマナについて1891年に『メラネシア人』という著書で発表しています。メラネシアの神であるマナは、非人格的な一種の力です。そしてこの力は普段は漂っているのですが、偶然、あるいは何らかの儀礼によってモノやヒトに憑依することがあります。そうするとその憑依されたモノやヒトは超自然の力を発揮することになります。しかしこの力であるマナは一度、取り憑くとそれに固着するのかといえばそうではなく、何かをきっかけに離脱して、また漂泊することになります。マナは外からやってきて何かに取り憑く漂泊神、外来魂であり、これが天皇を天皇たらしめる「天皇霊」に共通するものであると折口は考えています。

　折口信夫によれば、古代の天皇は外来魂である天皇霊を身体に取り憑けて初めて天皇になるのであって、その取り憑ける儀式が大嘗祭ということになるのです。ここから次のようなことが帰結されます。「肉体は、生死があるが、此肉体を充す処の魂は、終始一貫して不変である。故に譬ひ、肉体は変つても、此魂が這入ると、全く同一な天子様となるのである」。身体が異なっても魂である天皇霊は不変で、同じ魂が継承されるため、身体は異なるものの人格は同一だといってよいのだというのです。

　いずれにしても「天皇霊」についてごく大まかなところは理解できたでしょうか。そしてコドリントンのマナ・タイプの神観念を天皇に当てはめると天皇霊はマナにあたるということになります。

◉「天皇霊」のオリジナリティ

　これで第一の問いは検証できました。折口はマナをモデルに「天皇霊」を説明しています。次の問題です。「天皇霊」なる言葉は、折口の造語かということです。実はこの点は、折口の「大嘗祭の本義」を読んでいる

18　ロバート＝ヘンリー・コドリントン（1830–1922）　イギリスの宣教師、人類学者。ニュージーランドに宣教師として渡り、その後、メラネシア文化・言語を研究する。『メラネシアの諸言語』、『メラネシア人』。

と答えが書いてあるのです。折口信夫はこれが『日本書紀』の敏達天皇の条で見られることを指摘しています（「日本紀の敏達天皇の条を見ると、天皇霊といふ語が見えて居る。此は、天子様としての威力の根元の魂といふ事で、此魂を附けると、天子様としての威力が生ずる」）。ですがこの『日本書紀』での用例が、折口の用例と合致するかどうかを検証する必要があります。さてでは『日本書紀』を開いてみましょう。すると開いてみてびっくりするのではないでしょうか。『古事記』も難しい漢字や言葉が使われていますが、『日本書紀』はすべて漢字で書かれています。幸い岩波書店の古典文学大系では漢文と読み下し文が併記されています。読み下し文は次の通りです。

是に綾糟等、懼然り恐懼みて、乃ち泊瀬の中流に下りて、三諸岳に面ひて、水を歃りて盟ひて曰さく、「臣等蝦夷、今より以後子々孫孫、古語に生児八十綿連といふ。清き明き心を用て、天闕に事へ奉らむ。臣等、若し盟に違はば、天地の諸の神及び天皇の霊、臣が種を絶滅えむ」とまうす。

『日本書紀』

さあ、いかがでしょう。確かに「天皇霊」という用例がありました。もっとも岩波書店の古典文学大系の読み下し文は「天皇の霊」としていますが、漢文のほうではもちろん「天皇霊」です。『日本書紀』で「天皇霊」が現れるのはこの一箇所のみです。ところでこの天皇霊はどのようなものなのでしょうか。折口は自身の唱える天皇霊を「皇祖之霊」「皇霊之威」「天皇之威」とほぼ同義であるとしています。そうなるとこれもすでに調べられていることですが、『日本書紀』での用例はぐっと広がります。国文学者の津田博幸[19]と民俗学者の赤坂憲雄[20]は8箇所の用例があるといっています。このうち一例を見てみましょう。景行天皇40年7月

19 　津田博幸（1957–　）　日本の国文学者。和光大学教授。専門は古代日本文学。
20 　赤坂憲雄（1953–　）　日本の民俗学者、学習院大学教授。東北学を提唱。『異人論序説』、『象徴天皇という物語』、『東北学へ』、『岡本太郎の見た日本』。

の記述で、有名な日本武尊の言葉です。

　是に、日本武尊、乃ち斧鉞を受りて、再拝みたまひて奏して日さく、「嘗、西を征ちし年に皇霊の威に頼りて、三尺剣を提げて、熊襲国を撃つ。未だ浹辰も経ずして、賊首罪に伏ひぬ。今亦天神地祇の霊に頼り、天皇の威を借りて、往きて其の境に臨みて、示すに徳教を以てせむに、猶服はざること有らば、即ち兵を挙げて撃たむ」とまうす。

前掲書

　この箇所は折口信夫も「神功皇后紀輪講」で取り上げている箇所で、「皇霊之威」「神祇之霊」「天皇之威」という「天皇霊」と同義とされる語が出てくる箇所です。
　ですがこれらの語の用いられ方はというと、折口が考えているようなものとはいささか異なっていると思いませんか。そう、この日本武尊の記述にあらわれるものは、力、こういってよければ敵をねじ伏せる武威といってよいでしょう。確かにそれはどうやら剣などを依り代として附着させることはできる外来魂であるということはできるでしょう。この用例からは「天皇霊」がマナの一種であると考えることはできます。しかし折口が唱えるような天皇を天皇たらしめる根元では決してないのです。振り返って敏達天皇の条にある「天皇霊」にしても、それは天皇を裏切ったら子孫を根絶やしにしてしまうこともできる武力、すなわち武威なのです。ちなみに津田や赤坂が挙げている例はほぼすべて、戦争、戦いにかかわる場面であって、天皇を天皇たらしめる属性としてこれを扱っている箇所はありません。そこから私たちは次のような結論を引き出すのはそう難しくはないでしょう。すなわち、少なくとも『日本書紀』に見られる「天皇霊」ないしは「天皇霊」に類する表現からは、確かに「天皇霊」は外来魂であるが、折口信夫が唱えるような天皇を天皇たらしめる性質は確認できない、ということです。折口名彙である「天皇霊」は折口信夫の「誤読である」と結論づけられる可能性が高いのです。

◉折口信夫の誤読

　確かに折口に対して批判的な人たちはこの点を以て誤読、ないしは誤りを主張します。それに対し折口を支持する人たちは、『日本書紀』の天皇霊と折口のそれとの折り合いをつけようと努力してきました。しかし確かに折口の読み方は間違っていると思います。マナは漂泊している力ですし、天皇霊も武威です。そのため戦いのために天皇霊を呼び寄せ、取り憑けるというのであれば、問題はないでしょう。それを折口は天皇霊を「天皇を天皇たらしめる力」とあえて読み換え、それは取り憑くことも離れることもできるので、継承できるものと考えたということになります。これは誤読といってよいでしょう。

　もちろんここで「天皇霊」を巡って今でも続いている論争に学術的な評価を下すことはしませんし、できません。しかし折口は誤読をしていることは確かですが、『日本書紀』に見られるような「天皇霊」あるいはそれに類する表現の持っている意味とは別のものをこの「天皇霊」なる言葉に託し、それによって一つの大きな仮説を作り出したということはいってもよいと思います。この誤読から折口はマレビト、ホカイヒト、芸能といったものを導きだし、国文学、芸能の分析に発展させていきます。そしてそれは外来魂という外から依り憑くものを提示することで、日本の精神理解を一新させたといっていいかもしれません。この誤読は非常に創造的な力を折口に与えたことが分かるでしょう。

　そうした意味では村井紀[21]がマレビトについて語っていることは、天皇霊についてほぼすべて当てはまる重要な発言だと思います。

> ［……］結論をいえばマレビトは折口信夫以前に宗教現象として存在していたものではなかった。ごく簡単にいって、折口信夫が文献資料の上ではわずかな断片にすぎない「客神」の記載にもとづき一つの観点として創出し、構成したことによって見いだされた宗教現象なのであって逆ではない。つまりどこまでもこれは彼が「発明」

21　村井紀（1945– ）　日本の近代思想研究家。前和光大学教授。柳田國男、折口信夫などの民俗学を批判。『南島イデオロギーの発生』、『反折口信夫論』等。

した仮説、正確にいえば仮設モデルであって、方法概念であり、決してほかのものではなかった。

村井紀「マレビトの起源——死の〈鋳型〉」

　このマレビト、「客神」を「天皇霊」に置き換えてみるとどうでしょう。天皇霊は、『日本書紀』の記載からすれば「誤読」ですが、これを折口の仮説、仮設モデルと考えてみたとき、この誤読は非常に豊かなものに転化しないでしょうか。

　実際、折口は天皇霊を武威であるということを知っていなかったかといえば、そうではありません。「大嘗祭の本義」で「天子様としての威力の根元の魂といふ事で、此魂を附けると、天子様としての威力が生ずる」としていたではありませんか。ということは折口は意図的に読み違い、誤読を行い、新たな概念を創出したといえるでしょう。

　「天皇霊」という言葉は確かにかなり特殊です。逆にいえば特殊であるからこそ、意味というものは実はきわめて限定されたものなのです。そのために引っかかりやすいものです。ただし読んでいる人にとって、「天皇霊」は特殊な言葉なので、作者が提示した定義通りに受け取ってしまいがちです。しかしそれを検証していき、作者が本来の意味からズラし、どのような意味で使用しているのかを考えるよう心がけてみましょう。重要なのは、それが正しい、誤っているという判断をするところで止まっていてはいけないということです。これをきっかけにして、そこに作者の独創を見つけ出し、「なぜ折口は誤読をしたのだろうか。それは戦略なのだろうか、時代の心性の影響なのか」などと考えて、読み込み、論に発展させていくことが大切です。

コラム：参考文献を探すには

　参考文献の検索は書籍であれば、まずは図書館の検索システムを利用することを考えるべきでしょう。図書館に思ったようなものがなかった場合は、次のようなシステムを参考にするとよいと思います。

1. webcat plus

　これは国立情報学研究所の作っているサイトで、全国の大学図書館、公共図書館等を横断的に検索してくれる上、主要な書籍の通販サイトにもリンクしてくれています。特徴は連想検索で、キーワードを複数入力すると、それをもとに検索してくれることです。あるいは文章などで入れると、それらから必要なキーワードを抽出して検索してくれます。

　これが図書の検索ですが、雑誌論文になると少々やっかいです。論文タイトルで検索できるシステムは図書館の検索システムでは設定されていません。でも安心してください。次のようなサイトがあります。

2. CiNii

　これも国立情報学研究所のサイトですが、これは日本の学術雑誌に掲載された論文、商業誌に発表された論文、評論などを横断的に検索してくれます。

　これらはごくごく基本的なことで、文献検索を詳しく知りたい場合は、この同じ「アカデミック・スキルズ」シリーズの市古みどり編著『資料検索入門』を参照してみてください。

2 何気ない語に目を向けよう

　もう少し、別の例を使って考えてみましょうか。今度は作者が独自の意味を付した特殊な言葉ではありません。作者特有の言葉であれば、文章から浮き上がってくるので分かりやすいのですが、専門用語であっても比較的日常的に使用する語は文章のなかに埋もれてしまうので、「おやっ？」とか「あれっ？」とか引っかかるものが見あたらないという事態に陥りかねません。次のテキストを読んでください。これは確かに見慣れているとはいえ、歴史的な術語が列挙されています。しかし一見、

違和感を生み出すような要素は少ないように思えます。

> **テキスト2**

　幕府は、大名や朝廷・寺院・神社を統制するしくみをととのえていったように、農民や町人らをあらたな社会秩序のなかに組織していった。

　幕府は兵農分離政策をおしすすめ、当時のおもな職業をあらわす**士農工商**という慣用句で身分の区別を示す考えが広まった。

　士農工商の最上位は士（武士・武家・侍）で、天皇や公家・高僧とならぶ統治者であった。武士には、将軍を頂点に大名、旗本・御家人、藩士らがいた。武士には、苗字の使用や帯刀などの特権があたえられ、はずかしめをうけたさいには、権威をまもるために**無礼討ち（切捨御免）**がみとめられていた。

　二番目の農（百姓）は、農民以外に、林業や漁業にたずさわる者もふくまれ、人口の約80％前後を占めた。農村には、田畑や屋敷をもち検地帳に登録されて年貢を負担する**本百姓**（高持百姓）と、本百姓の田畑を小作する**水呑百姓**（無高百姓）や、名子・被官・家抱とよばれる本百姓に従属する農民らがいた。本百姓のなかから**名主・組頭**などの**村役人**を任命して村政を行わせた。その後、中下層の村民を代表する立場の百姓代がもうけられると、名主・組頭とあわせて**村方三役**とよばれた。また、村民を数戸ずつに編成して**五人組**をつくらせ、相互に監視させて、年貢の未納や一揆を未然に防ぐようにした。

　三番目の工商は、城下町に住む職人や商人らをさした。町は、町人の代表であ

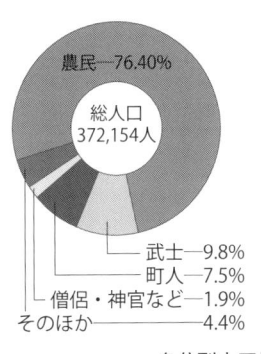

農民——76.40％
総人口 372,154人
武士——9.8％
町人——7.5％
僧侶・神官など——1.9％
そのほか——4.4％

身分別人口構成比

1849（嘉永2）年の久保田（秋田）藩の例。武士には京都・大阪などの在住者がふくまれ、その他には座頭や鉱山労働者がふくまれる。総人口は372,154人。関山直太郎『近世日本の人口構造』

る**町年寄**(まちどしより)・**町名主**(ちょうなぬし)・**月行事**(がちぎょうじ)とよばれる町役人を中心に掟(**町**(まち)**掟**(おきて)・**町 法**(ちょうほう))にもとづいて運営された。町は村と似た生活共同体で、土地や屋敷をもつ町人(**地主**(じぬし)・**家主**(いえぬし))と、屋敷地だけを借りている地借、借家住まいの**店借**(たながり)、住み込みの**奉公人**(ほうこうにん)がいた。村の本百姓にあたる町人は、屋敷の**間 口**(まぐち)におうじた**地子**(じし)(税)をおさめ、町運営に参加できた。地子は都市の繁栄をはかるために免除されることが多く、負担額もわずかだった。

『日本史B』

みなさんどこかで見たことのあるような記述だと思いませんか。そうです、高等学校で使う日本史の教科書です。2010年頃の『日本史B』の教科書では、ほぼ同じ内容のことが書かれています。ですので、これは特定の歴史教科書の記述ではなく、一般的に高校生が押さえておく基本的な歴史認識と考えてよいでしょう。一読して分かるように、江戸時代の身分制度の仕組みについて書かれています。

⦿ 何を問題にするのか

さてここで問題です。

【問題】ここでは何の語の意味を問うのが妥当だと思いますか。

実際に読んでみると、さすがに教科書の文章です。よく練られていてスキがありません。「違和感を感じる箇所なんか一つもないよ」というのが一読した印象ではないでしょうか。でもよく気をつけて読むと、私たちが常識にとらわれて読み流してしまっているものがあるのです。どうしても「あれっ?」というものが見つからなければ、今度はこの文章で唯一出典が示されている文献と比較・検討してみましょう。そうです、テキストで引用されている円グラフの出典です。出典の指示があるのは関山直太郎の『近世日本の人口構造』です。これは図書館で調べることが可能でしょう。まずはこの情報を手がかりに調べてみましょう。

図書館の検索機能を使って、調べてみると、この本の書誌データが得られます。書誌データは以下のようになります。

①関山直太郎『近世日本の人口構造　徳川時代の人口調査と人口状態に関する研究』、吉川弘文館、1958年。

　この本は改訂・増補版で、基になった本は第二次世界大戦終結間もない1948年に出版されています。それが次の本です。

②関山直太郎『近世日本人口の研究』、竜吟社、1948年。

　②のデータを使っている教科書もありました。この本では過去帳、人別帳、検地帳などの実地調査に基づいた分析が行われていて、その精密さは脱帽するばかりです。おそらくこのデータの正確さが、何十年経っても教科書の一次資料として使われてきた理由だと思います。ところでここでは出典の指示に従って、①の本を使用して検証してみたいと思います。教科書が典拠としたデータはおそらく次の表だと思います。大きな違いに気づくでしょう。テキストでは円グラフを用いています。私の見た教科書のいずれもやはり円グラフを用いていたのですが、関山直太郎の本では、円グラフはなく、ここで掲げたような表形式となっています。

	人	%
諸士	36,453	9.8
百姓	284,384	76.4
町人	27,852	7.5
社人・寺院・修験	7,256	1.9
雑	15,720	4.2
エタ・非人	489	0.1
合計	372,154	100

久保田（秋田）藩の身分構成

第3章　〈語の意味〉を疑ってみよう

この表を円グラフと比べてみましょう。すると教科書は「そのほか」の4.4％が、この表では「雑」「エタ・非人」を合わせたものであることが推測されるのですが、表では合算しても4.3％にしかなりません。そのためこの表のパーセントの数字をすべて足した場合、99.9％にしかならず、100％にはなりません。このこともあって教科書では「そのほか」の数字に0.1％を加算して、整合性をつけたと考えられます。この点も大きな問題なのかもしれませんが、テキストの円グラフとこの表とにらめっこしていると、別の点で「あれっ？」ということに気がつかないでしょうか。それはテキストの円グラフでは「農民」となっている箇所が、関山の本では「百姓」となっている点です。今ではあまり使われなくなりましたが、それでも「お百姓さん」といえば農民を指していっている言葉であるということは私たちが広く共有している常識といってよいでしょう。ですので「百姓」＝「農民」という考えはそう不自然なことではないと思います。ここにはおそらく教科書的な配慮があると思われます。私のパソコンに入っている電子辞書『スーパー大辞林』で調べてみると、「百姓」にはだいたい次のような意味が掲載されています。

1. 農業で生活している人。農民。
2. 農業を営むこと。また、農作業。「郷里へ帰って―する」
3. 田舎者をののしっていう語。
4. 中世、荘園を耕作する農民。
5. 近世、特に本百姓（ほんびやくしよう）のこと。

　このうち3が問題なのだと思います。つまり百姓では差別を助長すると考えられるので、「百姓」の同義である「農民」に置き換えたのでしょう。「百姓」が「農民」であることが辞書でも確認できる以上、ことさら問題にすることではないことのような気がします。実際、本文でも農村の社会構成の基本が、自分の田畑を持ち、年貢・賦役などを負う本百姓と田畑を持たない小作人の水呑百姓などであることが書かれていますが、農民のことを指して説明していると考えるのが自然でしょう。まさか、

この本百姓や水呑百姓を商人や手工業者と考える人はいないでしょう。ですから江戸時代の人口構成は大部分が農民であり、確かに明治の近代化以前、日本では産業革命は起こらず、農業国であったという結論を抽出することができると思います。

でも江戸時代の身分制度に使われる「士農工商」を教科書の円グラフに当てはめると、農は農民、工商は町人ということになります。ところが私の実家は農村ですが、集落のそれぞれの家には屋号のようなものがあって、「桶屋」とか「紺屋」と呼ばれる家があります。これはかつての職業を表しています。農村に住んで、手工業を生業とする人は、農村に住んでいながらも町人になってしまうのでしょうか。もしそうだとすると町人は城下町などの都市部に住んでいる人というテキスト＝教科書の記述と矛盾することになってしまいます。

「あれっ？」と思うのは、「『百姓』は本当に農民のことしか指さないの？」ということになりませんか。「農村に住む手工業者や商人はどうなっちゃうの？」ということです。そこから問いを作り出してみましょう。

1　江戸時代の百姓は、本当に農民のことなのか。
2　もしこの「百姓」＝農民でなければ、「百姓」とはどのような人々のことなのか。

◉「百姓」は本当に農民か

本当に百姓と農民は同義語なのでしょうか。これが問題です。「そんなことはない、だって辞書に百姓は農民のことだと書いてあるではないか」と反論がすぐになされると思います。百姓は農民のことを指すということでは共通の理解を得られているといってよいでしょうが、まだ秋田藩が存在していた頃、つまり江戸時代も本当に百姓は農民を意味していたのでしょうか。これがまず「問い」で考えるべきことです。確かにいろいろ調べてみますと、たとえば伊藤東涯[22]は「農ハ百姓ノコト也」と書き、「農人」に「ヒヤクセウ」と訓をつけています。その他、江戸時代の文献

22　伊藤東涯（1670–1736）　日本の儒学者。伊藤仁斎の長男で、古義堂の2代目。

のいくつかを当たってみても、「百姓」は農夫、農人であることが書かれていたりします。それであるならば、「百姓」の語の使い方は現代と大きく変わらないということになって、百姓は本当に農民と同義なのかという問いに対しては、その通りという結論になってしまいます。

しかし関山直太郎の本ともう少しつきあってみましょう。なにしろこの本が教科書記述の根拠なのですから。次の表を見てみると少々この結論に違和感を覚えることになるでしょう。

津和野藩の身分別構成

年次	士	百姓 農	百姓 工	百姓 漁	町人	寺社	エタ	合計
	人	人	人	人	人	人	人	
文化2	5,464	66,150	1,577	?	2,540	?	605	76,326
弘化2	5,200	57,664	971	?	1,949	?	471	68,255
嘉永4	5,296	59,472	1,071	?	2,088	398	510	68,785
(明治2)	4,759	57,348	1,194	2,143	2,437	1,011	584	69,505
	%	%	%	%	%	%	%	
文化2	7.16	86.65	2.07	?	3.32	?	0.79	100
弘化3	7.85	87.03	1.47	?	2.94	?	0.71	100
嘉永4	7.70	86.46	1.56	?	2.96	0.58	0.74	100
(明治2)	6.85	82.49	1.72	3.23	3.51	1.45	0.84	100

〔備考〕明治2年の医師323人、家中下男下女は百姓に算入する。寺社は神職・僧侶の外その他男女を含む。

これも関山の著書に掲載されている表です。秋田藩の人口構成を示した表の2ページ後にある津和野藩の人口構成の推移を表にしたものです。この表を見て、「おやっ」と思ったのではないでしょうか。人口がどのように変化したかということではありません。注目すべきは分類の仕方です。私たちがこれまで確認した常識からすると一見したところ、理解しがたい点があるではないですか。「百姓」の項目がさらに下位区分され、「百姓」を構成する層の内訳が掲げられています。この表によれば「百姓」に属するものは「農」「工」「漁」となっています。「農」はいうまでもありませんが、農業従事者であるので問題はありません。また「漁」は漁業を生業とするものです。この漁師が百姓に分類されるのは、まあ、

理解できます。テキストでも「林業や漁業にたずさわる者」も農（百姓）に含まれると書いてあります。しかし「工」は手工業者、つまり職人のことです。意外なことに「百姓」には「工」、すなわち手工業者もが含まれてしまうのです。また備考の記述にも注目してみましょう。医師や武家の家で働く下男下女は百姓に算入すると書いてあります。いうまでもありませんが、医師や武家の家で働く下男下女が農業従事者ではありません。なのに百姓に含まれているのです。

　これは一体、どういうことなのでしょうか。関山直太郎の文章にヒントがあります。彼は「原史料では家中（津和野在・江戸住・大阪住・二十日市住を含む）・津和野町方・在方に三大別される」と記述しています。家中が武家で、町方が都市部、在方が農村部のことです。そして町方には商人と手工業者、在方には農民、手工業者などが含まれていたはずと推測しています。百姓とは農民という身分や職業を表す語なのではなく、むしろ農村部に住む住民の身分であり、都市部に住む町人と対になるものと考えなければなりません。もちろん農村部ですから、「百姓」の内訳のうち、農民が圧倒的に多くなるのは確かですが、それだけではないのです。農村には鍛冶師もいれば木地師もいることになり、こうした人も百姓と総称されることになるわけです。秋田の久保田藩の人口構成の表にあった「百姓」も農民だけではないと考えるべきなのです。そこには農村部に住む手工業者、場合によっては商いをする商人なども含まれることになります。

　ところでこれが津和野藩だけの特殊な事情ではないことを別の資料から確認しておきましょう。江戸時代末期に長州藩が編んだ『防長風土注進案』（山口県立山口図書館編）で示されているものです。上関という瀬戸内海に浮かぶ島の人口構成を例にとってみましょう。上関は地方と浦方の二つの地区に分けられます。地方は内陸の山際の地区で、浦方は海に面した地域です。地方では百姓、すなわち本百姓として記載されている家が36軒ですが、そのうち農人、すなわち農民は19軒で、残りは諸商人10軒、廻船問屋5軒、鍛冶屋1軒、漁民1軒となっています。浦方の百姓は88軒ですが農人は12軒しかなく、商人がなんと54軒、船持

3軒、船出かせぎ4軒、船大工1軒、漁人6軒、紺屋3軒、豆腐屋2軒、茶屋1軒、客屋2軒です。ずいぶん百姓のイメージが変わったのではないかと思います。おそらくこの百姓は律令制度からの伝統を引き継いでいると考えられます。つまり百姓とは百の姓、支配階級ではないさまざまな職業の平民の意味で、税や賦役が課せられる階層のことです。実は先ほどの『スーパー大辞林』にも「ひゃくせい（百姓）に同じ」とあり、「ひゃくせい」を引くと「〔古代において、もろもろの姓（かばね）を有する公民の意〕　一般人民。庶民。公民。ひゃくしょう」とあります。そして税は今のように所得に対して課せられるのではなく、所持している土地に対して課せられるのです。そうです、百姓というのは城下などの町方でない場所で課税対象となる土地、田畑を持っている人のことであり、必ずしも農民という身分を言い表すものではないようなのです。そのため課税対象となる土地を持っていれば農業以外の職業であっても百姓に分類されるのは何ら不思議ではないのです。

　そうなるとテキストに示されていた円グラフは正確ではないということになります。「百姓」が農民という職業を表すのではなく、むしろ農村部に住む平民を総称して表現している身分名であれば、あの円グラフは職業の比率を表したものではないことになります。武家と都市部と農村部に住む平民の人口の割合と考えた方が正確かもしれません。百姓という表現は少なくとも江戸時代においては町人との対比で見るべきものです。都市部である城下町に住む住民は町人であり、農村部に住む住人は百姓なのです。確かに農村部の百姓の大多数は農民ですが、そこには商人や手工業者、すなわち工商の職業も含まれていたことになります。一方、都市部には農民はほぼ皆無と考えてよいので、住民の構成は工商の職業の人となります。

　テキストの円グラフは、そうした意味では身分を正確に表しているとはいえないことになります。支配―被支配というのであれば、武士対それ以外（神職・僧侶は別として）という形にし、被支配階層のうち、都市部と農村部の住民比率を示すのなら、やはり農民ではなく「百姓」と表現する必要があります。

⦿本百姓と水呑百姓の関係は……

　ところで、そう考えてみると、テキストで描き出されている本百姓と水呑百姓の関係も見直す必要がでてきそうです。検地帳に登録された本百姓は石高、すなわち土地を持ち、年貢を納める義務があるものですが、水呑百姓はどうでしょう。これまでの歴史認識のように本百姓に従属する小作農としての水呑がいたことは間違いないでしょう。しかし同時に年貢を課税される田を持たず、手工業や商業にだけ従事する農村部に住む人たちも検地帳では石高がないので、水呑に分類されてしまうことになるはずです。

　このことも『防長風土注進案』が興味深い例を示しています。先ほどの百姓＝本百姓のほかにここでは水呑百姓についても記載されています。長門、周防では水呑のことを門男と呼んでいたようです。地方には門男は135軒もありました。しかしその内訳を見てみると農人98軒、諸商人20軒、船大工1軒、小工1軒、桶屋4軒、左官2軒、石組2軒、石工2軒、漁人4軒、髪結2軒となっています。一方浦方では門男は123軒（『防長風土注進案』の原文では178軒となっていますが、内訳を計算してみると123軒にしかなりません）で、その内訳を見てみると、なんと農人は一人もいません。それに対して商人68軒、船持18軒、漁人16軒、家大工4軒、船大工2軒、鍛冶1軒、桃燈張2軒、張物小細工2軒、桶屋2軒、紺屋1軒、畳刺2軒、茶屋2軒、髪結2軒、石組1軒がいます。確かに上関の浦方の小字名を確認してみると、東町、本町、蛭子町、西町、天神町、下天神町と「町」とつくものが多く、江戸時代後半にはかなり都市化が進んでいたといえるでしょう。しかしそれでもなお検地帳に記され、年貢を納める義務を負っていたものを本百姓、検地帳には記されず土地を持っていない、あるいは持つ必要のないものを水呑と呼んでいたという事実は変わらないでしょう。そしてこれは想像ですが、もしかすると水呑の方が貨幣経済にうまく順応して裕福になっている可能性もあります。幕藩体制の基本は、年貢ですから、年貢を納めない階層は支配階層にとって意味のない存在となります。しかしやがて貨幣経済が浸透しはじめると、年貢を納めない農村部の階層＝水呑の

第3章　〈語の意味〉を疑ってみよう

一部は、貨幣経済を利用して利潤を増やしていったかもしれません。もしそうだとすれば、われわれが水呑といった言葉から連想するイメージとはいささか異なった世界が広がっていることになります。

　いずれにしろ、百姓とは農民と同義であるという常識が、百姓は必ずしも農民とは限らないということになってくると、江戸時代の士農工商という厳然とした身分制度のイメージから描き出される風景が大きく変化することになります。

　このことを教えてくれたのは網野善彦[23]の『日本の歴史をよみなおす（全）』です。この本に収められている「続・日本の歴史をよみなおす」の第一章「日本の社会は農業社会か」でこのことが論じられています。これまでに取り上げた秋田藩の例や『防長風土注進案』などを私に教えてくれたのは、まさにこの本です。ここでは語を疑うということがテーマなので、この本について深くは立ち入りませんが、興味がある人はぜひこの本を読んでみてください。とても刺激的です。

　もちろんここで述べたことが日本の歴史の新たな定説であるとはいいません。というのも本書は日本の歴史、あるいは江戸時代の身分制について検証することが目的ではないのですから。実際、現在でも多くの人がこれまで通りの説に従っているところをみると、ここで述べられたようなことが定説として定着しているとはいえないのかもしれません。しかしこのことの評価とは関係なく、「農民」というのは「百姓」と同義語なのかという常識批判の視点を持つことで、今まで私たちが思い描いていた江戸時代像とは異なる世界が展開できることになります。

　だんだんコツがつかめてきたでしょうか。ではもうひとつです。今度は少し難しいかもしれません。

23　網野善彦（1928–2004）　日本の歴史学者。専門は中世日本史。『無縁・公界・楽』、『異形の王権』等。

3 日常語に気をつけよう

　先ほどの日本史の例は、日本史という学術領域の術語といってもいい「百姓」という語に注目したものでした。もちろんこの単語は使用には問題があり、条件付きということになりますが、普段の会話に登場してもおかしくないといえばおかしくありません。そういう意味では、専門領域と日常の重なった部分にある単語といってよいでしょう。

　今回は、作者独特の言葉でもなく、専門領域の術語でもなく、日常的に使われる単語を例にとってみたいと思います

テキスト3

　私が大和の吉野の奥に遊んだのは、既に二十年程まへ、明治の末か大正の初め頃のことであるが、今とは違つて交通の不便なあの時代に、あんな山奥、──近頃の言葉で云へば「大和アルプス」の地方なぞへ、何しに出かけて行く気になつたか。──此の話は先づその因縁から説く必要がある。
　読者のうちには多分御承知の方もあらうが、昔からあの地方、十津川、北山、川上の荘あたりでは、今も土民に依つて「南朝様」或は「自天王様」と呼ばれてゐる南帝の後裔に関する伝説がある。
[……]
　私の知り得たかう云ふいろいろの資料は、かねてから考へてゐた歴史小説の計画に熱度を加へずにはゐなかつた。南朝、──花の吉野、──山奥の神秘境、──十八歳になり給ふうら若き自天王、──楠二郎正秀、──岩窟の奥に隠されたる神璽、──雪中より血を噴き上げる王の御首、──と、かう並べてみたゞけでも、これほど絶好な題材はない。何しろロケーションが素敵である。舞台には渓流あり、断崖あり、宮殿あり、茅屋あり、春の桜、秋の紅葉、それらを取りどりに生かして使へる。而も拠り所のない空想ではなく、正史

は勿論、記録や古文書が申し分なく備はつてゐるのであるから、作者はたゞ与へられた史実を都合よく配列するだけでも、面白い読み物を作り得るであらう。が、もしその上に少しばかり潤色を施し、適当に口碑や伝説を取り交ぜ、あの地方に特有な点景、鬼の子孫、大峰の修験者、熊野参りの巡礼などを使ひ、王に配するに美しい女主人公、――大塔宮の御子孫の女王子などにしてもいゝが、――を創造したら、一層面白くなるであらう。私はこれだけの材料が、何故今日まで稗史小説家の注意を惹かなかつたかを不思議に思つた。尤も馬琴の作に「俠客伝」という未完物があるさうで、読んだことはないが、それは楠氏の一女姑摩姫と云う架空の女性を中心にしたものだと云ふから、自天王の事蹟とは関係がないらしい。外に、吉野王を扱つた作品が一つか二つ徳川時代にあるさうだけれども、それとて何処まで史実に準拠したものか明かでない。要するに普通世間に行き互つてゐる範囲では、読み本にも、浄瑠璃にも、芝居にも、つひぞ眼に触れたものはないのである。そんなことから、私は誰も手を染めないうちに、自分が是非共その材料をこなしてみたいと思つてゐた。

ところが、こゝに、幸ひなことには、思ひがけない縁故を辿つて、いろいろあの山奥の方の地理や風俗を聞き込むことが出来た。と云ふのは、一高時代の友人の津村と云ふ青年、――それが、当人は大阪の人間なのだが、その親戚が吉野の国栖に住んでゐたので、私はたびたび津村を介してそこへ問ひ合わせる便宜があつた。

［……］

しかし私は、遠隔の地にゐて調べられるだけの事は調べてしまつた訳であるから、もしあの時分に津村の勧誘がなかつたら、まさかあんな山奥まで出かけはしなかつたであらう。此れだけ材料が集まつてゐれば、実地を踏査しないでも、あとは自分の空想で行ける。又その方が却つて勝手のよいこともあるのだが、「折角の機会だから来て見てはどうか」と津村からそう云つて来たのは、たしかその年の十月の末か、十一月の初旬であつた。津村は例の国栖の親戚を訪

ふ用がある、それで、三の公までは行けまいけれども、まあ国栖の近所を一と通り歩いて、大体の地勢や風俗を見ておいたら、きっと参考になることがあらう。何も南朝の歴史に限つたことはない、土地が土地だから、それからそれと変つた材料が得られるし、二つや三つの小説の種は大丈夫見つかる。兎に角無駄にはならないから、そこは大いに職業意識を働かせたらどうだ。ちやうど今は季候もよし、旅行には持つて来いだ。花の吉野と云ふけれども、秋もなかなか悪くはないぜ。——と云ふのであつた。

で、大そう前置きが長くなつたが、こんな事情で急に私は出かける気になつた。尤も津村の云ふやうな「職業意識」も手伝つてゐたが、正直のところ、まあ漫然たる行楽の方が主であつたのである。

[……]

津村は何日に大阪を立つて、奈良は若草山の麓の武蔵野と云ふのに宿を取つてゐる、——と、さういふ約束だつたから、此方は東京を夜汽車で立ち、途中京都に一泊して二日目の朝奈良に着いた。武蔵野と云ふ旅館は今もあるが、二十年前とは持主が変つてゐるさうで、あの時分のは建物も古くさく、雅致があつたやうに思ふ。鉄道省のホテルが出来たのはそれから少し後のことで、当時はそこと、菊水とが一流の家であつた。津村は待ちくたびれた形で、早く出かけたい様子だつたし、私も奈良は曾遊の地であるし、ではいつそのこと、折角のお天気が変らないうちにと、ほんの一二時間座敷の窓から若草山を眺めたゞけで、すぐ発足した。

吉野口で乗りかへて、吉野駅まではガタガタの軽便鉄道があつたが、それから先は吉野川に沿うた街道を徒歩で出かけた。万葉集にある六田(むつだ)の淀、——柳の渡しのあたりで道は二つに分かれる。右へ折れる方は花の名所の吉野山へかゝり、橋を渡ると直ぐに下の千本になり、関屋の桜、蔵王権現、吉水院、中の千本、——と、毎年春は花見客の雑沓(ざつたふ)する所である。私も実は吉野の花見には二度来たことがあつて、幼少の折上方見物の母に伴はれて一度、そのゝち高等学校時代に一度、矢張群集の中に交りつゝ此の山道を右へ登つた記憶は

あるのだが、左の方の道を行くのは始めてゞあつた。

谷崎潤一郎『吉野葛』

　今度は折口信夫の文章と違って、ずっと読みやすくなったと思います。これは谷崎潤一郎[24]の文章です。谷崎潤一郎についてはみなさんも知っているのではないでしょうか。なかには谷崎の代表作ともいえる『痴人の愛』や『細雪』といった作品を読んだことがある人もいるのではないでしょうか。いうまでもなく東大系の文芸雑誌『新思潮』を代表する作家です。余談ですが、谷崎の文章をたくさん読んでいると一種の違和感を覚えます。そうなのです。実は谷崎はさまざまな文体を使って小説を書いているのです。こういっていいのなら、彼は一生かかって文体の試行錯誤をしていたのです。これが同じ作者の文章かと疑うほど異なった文体を使っています。

　文体のことはさておいて、このテキストは谷崎の中期の代表作『吉野葛』です。個人的には谷崎作品のなかの傑作だと思っていますが、実は筋というほどの筋はありません。主人公の「私」は、南朝の歴史を小説にするため、吉野に取材に行くのですが、そこに一高時代の同級生「津村」も合流します。しかし取材の話よりも、「津村」の母の物語、そして母の遠戚にあたる「お和佐」との恋愛に重点が置かれるようになっていき、最後は南朝のテーマが大きすぎて位負けしてしまい、小説が書けなかったということで終わります。

◉何を問題にするのか
　まずはこれまでと同様の問題です。

【問題】
谷崎潤一郎のテキストを読んで、気になった語を探してください。

---

[24] 谷崎潤一郎（1886–1965）　日本の小説家。『痴人の愛』、『瘋癲老人日記』、『春琴抄』、『細雪』、『陰翳礼讃』等。

要領はこれまでと一緒です。気になる語を探しましょうということです。みなさんは何が気になりましたか。「気になるところなんか、何もない……、これは作者が小説の題材探しに吉野を訪ねた時の紀行文みたいだし……」というような感じがしませんか。この作品を読んでいくと、途中から、「私」の知人の津村の母親のルーツ探しとそこで出会った女性との恋愛話が入れ子構造になって展開しています。それはともかくここには何の引っかかりも見当たりません。そうした場合には、あえて自分の常識とは異なることを考えてみる手があります。つまり一見したところ、ありえないだろうと思うことを考えて検証してみることです。さてではここであり得ないこととは何だと思いますか。
　次のように考えてみましょう。
　ここで語りの主体として登場している「私」は谷崎潤一郎その人ではないのではないか。
　「えっ！　だってこの『私』は谷崎その人でしょう」と思った人は多いのではないでしょうか。だからあり得ないことなのです。この作品を読むかぎり、この「私」は谷崎だと考えるのはきわめて自然です。そして谷崎だと思って話を読み進めていきます。それをあえて疑ってみましょうということなのです。
　そうした場合、テキストだけを何度読み返しても分からないことが多々あります。そのために参考文献を参照する必要があります。でも残念ながら、テキスト2と違って、参考文献になるような情報はテキストには見あたりません。そこでたとえばいくつか発表当時からの書評や『吉野葛』の評論などを探すことを考えてみましょう。
　繰り返しになりますが、クリティカル・リーディングは多くの場合、参考文献を必要とします。それらを自分の意見の補強や見落としていたことへの気づきにつなげていくことができるからです。

◉紀行文か小説か
　さて参考文献を探してみると、『中央公論』誌の昭和6年2月号に広

津和郎[25]が寄せた批評文が最初の批評のようだと分かりました。

> 谷崎潤一郎の『吉野葛』は二十年前の吉野紀行の思ひ出を書いてゐるだけで、のんびりしてゐていいが、併し長過ぎるので退屈である。この人の紀行文と云へば、二十年前の大阪毎日だつたか大阪朝日だつたかに出た『宇治の平等院』を文字で描写したものなどは、未だに心に残つてゐるが、併しああしたはりはこの『吉野葛』にはない。
> 広津和郎「文芸時評」（昭和6年2月）

なるほど「広津和郎も自分と同じような印象を持ったか」、と思った人もいるのではないでしょうか。

もうちょっと参考文献を探してみると、今度はあの舌鋒鋭い花田清輝[26]は次のように書いています。

> 南朝の子孫である自天王という人物を主人公にした歴史小説をかくつもりで、いろいろと文献をあさったあげく、実地踏査のために吉野川をさかのぼり、わざわざ、主人公の住んでいた大台ヶ原山の山奥まで出かけていった作者が、流域の風物をながめながら、回想にふけっているうちに、いつのまにか、かんじんの自天王の話のほうはあきらめてしまい、その地方の出身者である、友だちの死んだ母親の話に熱中しはじめる、といったようなていたらくである。
> 花田清輝「『吉野葛』注」

これは作者の体験をだらだらと書いていて、最初の目的はどこに行ってしまったのか、というちょっと怒りさえ感じる文章になっています。要するにどうも『吉野葛』は随筆、あるいは随筆風小説というふうに受け

---

[25] 広津和郎（1891–1968）　日本の小説家、文芸評論家、翻訳家。『神経病時代』、『死児を抱いて』、『松川裁判』等。
[26] 花田清輝（1909–1974）　日本の小説家、文芸評論家。日本のアヴァンギャルド芸術論の先駆的な存在。前衛的な映画や演劇を擁護。『アヴァンギャルド芸術』、『さちゅりこん』、『泥棒論語』、『鳥獣戯話』等。

止められているようです。随筆は、作者が日常で体験したことなどから得られた知見をもとに感想や思索を述べるものですが、随筆風小説というのは、ここでは基本は随筆なのだけれど、その中に小説、つまり実際に体験したことでない虚構の部分が入れ子のように入っているものとしましょう。そう考えると、確かにこれは谷崎が実際に体験した吉野の紀行であるか、紀行文のなかに津村の話を虚構として組み込んだものかというものになります。何となく納得です。では今度は白洲正子[27]の文章はどうでしょうか。

> ところが先日、考古学の末永雅雄先生にお目にかかった時、偶然その話をすると、昔、先生が宮滝遺跡を発掘しておられた頃、取材にみえた谷崎さんと出会った。［……］モデルになった「津村」も一緒であった。が、谷崎さんが行ったのは、たぶん宮滝あたりまでで、川上村まで入ったことはないように記憶している。
> 　　　　　　　　　　　　　　　　　　　　　白洲正子『かくれ里』

　末永雅雄[28]という人は、高松塚古墳などの発掘をした人として有名ですが、吉野の宮滝遺跡というかつて吉野宮とよばれた離宮跡の発掘に当初から関わっています。この宮滝遺跡の発掘は昭和5年から断続的に始まっています。白洲正子の証言によれば、「津村」の話も完全な虚構ではなく、「津村」のモデルとなった谷崎の友人が実在していることになっています。その人物の体験をもとに書かれたことが考えられます。
　ところでここまで来て、改めて問いましょう。何か気になることはありましたか。ちょっと変なことに気づきませんか。
　白洲正子の文章によれば、末永雅雄は吉野に取材に来ていた谷崎と会って、そのとき知人の津村のモデルになった人もいたという話ですが、末永雅雄も加わった宮滝遺跡の発掘が始まるのは昭和5年です。おそら

27　白洲正子（1910–1998）　日本の随筆家。夫は白洲次郎。『能面』、『かくれ里』等。
28　末永雅雄（1897–1991）　日本の考古学者。橿原考古学研究所初代所長。関西大学名誉教授。吉野の宮滝遺跡、高松塚古墳の発掘などを行う。

く末永が吉野で谷崎と出会ったのは昭和5年です。ここで『吉野葛』の冒頭の一文に戻ってみましょう。すると「私が大和の吉野の奥に遊んだのは、既に二十年程まへ、明治の末か大正の初め頃のことである」と書かれています。つまり主人公の「私」が吉野に津村と一緒に自天王の事蹟の取材に行ったのは明治の末年か大正の初めであって、昭和のはじめ、つまり昭和5年ではないということになります。「あれっ？」という気になりませんか。

⦿虚構の「私」

　『吉野葛』は作者谷崎潤一郎が実際に吉野で見聞したことを記した紀行文であると考えた場合、年代的なところでおかしなことになってしまいます。『吉野葛』の「私」は明治の末年、あるいは大正の初めに吉野に行っていることになっています。しかし末永雅雄の証言から推測すると、谷崎が、取材をしたのは昭和5年ということになります。そこで冒頭の「問い」です。

　「私」は、谷崎潤一郎その人のことなのか。

　気になり出したら調べるしかありません。するとちゃんとそうした調査をした人がいます。野村尚吾[29]によれば谷崎が吉野を訪れたのは、大正11年、大正15年、昭和4年、昭和5年の4回となります。「大正の末から昭和の初め」という作品の記述でしたら問題ないのですが、明治の末から大正の初めには谷崎は吉野に来たことはなく、おかしなことになってしまいます。『吉野葛』冒頭の一文から「私」を谷崎と考えてしまうと、白洲正子の記述とつじつまが合わなくなってしまうのです。そうすると「私も実は吉野の花見には二度来たことがあつて、幼少の折上方見物の母に伴われて一度、そのゝち高等学校時代に一度、矢張群衆の中に交りつゝ此の山道を右へ登つた記憶はある」という記述も怪しくなっ

29　野村尚吾（1912–1975）　日本の編集者、作家、評論家。「花やあらむ」、『乱世詩人伝』、『伝記谷崎潤一郎』等。

てきます。谷崎は幼年の時にも、高校時代にも吉野に来たことはないのです。

　どういうことでしょうか。広津和郎以来、この文章は小説ではなく、紀行文で、「私」は谷崎自身、そして谷崎自身が見聞きしたことを書いた紀行文であって、もしかすると津村の話もモデルがあるという大前提、つまり事実を比較的忠実に書いているという思い込みがおかしくなってきます。逆にこの「私」は虚構上のものであって、谷崎その人を指すことはないということが帰結されてしまいます。しかし谷崎は虚構の「私」を谷崎自身と思い込ませようとしています。たとえば「私」が作家であることなどです。昭和5年に吉野に滞在し、昭和6年に『中央公論』誌に『吉野葛』を発表した谷崎は、この当時、関東から関西に居を移していましたが、昭和5年から20年ほど遡ると、明治44年、昭和6年からであれば、明治45年ないしは大正元年となります。明治44年、谷崎潤一郎は東京帝国大学の学生で、その前年に創刊された第二次『新思潮』に参加、同人となって、『新思潮』を中心に作品を発表していきます。ところがこの年、谷崎は授業料未納のため東京帝国大学を退学することになりますが、11月、永井荷風[30]に『三田文学』誌上で激賞され、作家としての評価が確立します。つまり明治44年前後は、谷崎が新進気鋭の若手作家として文壇に颯爽と登場した頃です。その谷崎が最終的には位負けするものの南朝を題材にした小説を書こうと意気込んでいたとしても何の不思議もありません。またテキストにさりげなく挿入されている文言「今と違つて」は、今、すなわち昭和5年ないしは6年の吉野とかつての吉野を比較できることを暗示しています。つまり吉野の今を知るようなところに現在は生活の場があることを示していることになります。そうなると明治の末頃は確かに東京にいたが、今は吉野を知ることのできる地域、関西に住んでいるということになり、これも谷崎の伝記的事実と合致します。谷崎は大正12年の関東大震災を機に東京を引き払い、関西に移住してしまいます。つまり谷崎は谷崎ではない虚構の「私」を

30　永井荷風（1879–1959）　日本の小説家。『三田文学』を創刊。『あめりか物語』、『ふらんす物語』、『珊瑚集』、『濹東綺譚』、『断腸亭日乗』等。

第3章　〈語の意味〉を疑ってみよう

作り上げたのですが、それを読者が谷崎自身と勘違いするよう、計算して「私」を構築しています。するとさらに次のような「問い」が出てくるでしょう。

　なぜ谷崎は「私」を谷崎自身と思わせるようにしたのか。

　しかも谷崎と思わされた「私」はなぜ小説を書くことに失敗するのでしょう。ここから単に「私」は谷崎その人なのかという「あれっ？」という問いの検証から、論の構築につながるような問いが出てきました。ここではこれ以上、なぜ谷崎が「私」を谷崎と思わせたのか、ということについては触れません。逆にみなさんに質問です。この問いにどう答えますか。
　どうでしょうか。参考文献を読んで、それらを突き合わせていくと、ごく日常的な言葉なのに、「あれっ？」というものが浮かび上がってきませんか。そしてここでは「あれっ？」と思った「この『私』って誰？」ということをもとにして「問い」を立てたことになり、さらに、この「問い」から論を作り出すことになります。
　折口信夫の課題文では日常的には使われていない言葉だったので、比較的「あれっ？」という言葉を見つけるのが簡単だったかもしれません。でも『吉野葛』は普段、よく使っている上に、「私」＝谷崎という思い込みがあるので、なかなか気づきにくいかもしれません。ところで、こうした「〈語の意味〉を問う」ことがテキスト全体を理解する精読になっていることに気づきましたか。語の意味を疑うことで、テキスト理解も進んでいくことになるのです。

　さて、三つの文章で語の意味を問うということを見てきましたが、今度は文と文とのつながり、つまり「〈論理〉を問う」ということはどんなことなのかを次章で見てみましょう。

コラム：データベースとしての読書メモ

　テキストや参考文献を読んでいると、自分の主張したいことや論じたいことに関係しそうな箇所に何度も出くわすことになります。その箇所を忘れないように傍線やアンダーラインを引きましょうといいました。ですが引いただけでは不十分です。気になった部分を、整理して、いつでも使えるように分類してはじめて、線を引いたところが情報になります。

　そのためにはどうすればよいでしょうか。気になった箇所を抜き出したり、メモをしたりする読書カードを作ることになります。かつてはカードに書き込み、バインダーに項目ごとに分類したものです。ですが、現在はパソコンがほぼ一人一台所有するという時代です。パソコンを利用しない手はありません。比較的余裕がある場合は、データベース・ソフトを購入して、データベース化することが可能です。ですが高価なソフトを無理して導入しなくても大丈夫です。基本さえ押さえておけば、簡単にデータベースが作れます。

　データベース化する読書カードの大原則は、一枚のカードに一項目しか書き込まないことです。どんなに紙面に余裕があっても、一つのカードに一項目しか記入しないようにしましょう。ワープロソフトでいえば、一項目を記入したら、改行ではなく、改ページにするようにしましょう。

　この大原則に基づいて、一ページ一項目にするわけですが、記入に際して必要な情報があります。必須なのは、作者、作品名、収録雑誌、収録本、発行年、出版社、出版年、ページ数などです。その上で、抜き書きをしたり、メモを書き込んだりします。

　これはオプションですが、私がこうしたものを作る時に加えている項目は、キーワード、所蔵が自宅なのか図書館なのか、図書館であればどこの図書館なのかという所蔵先、それからどんな論文に使用したかということです。こうした要素を加えて、私が作った雛形は次のようなものです。

```
製作日 07/05/20                                           番号 102

キーワード              引用文
虚無、ヘーゲル          Mallarmé à Eugène Lefébure [3 mai 1868]

作者                    Décidément, je redescends de l'Absolu, je n'en ferai pas, suivant la belle
Henri Mondor (éd)       phrase de Villiers, «la Poésie» ni ne déroulerai «le vivant panorama des
                        formes du Devenir» -- mais cette fréquentation de deux années (vous vous
                        rappelez ? depuis notre séjour à Cannes) me laissera une marque, dont je
題名                    veux faire un Sacre. Je redescends, dans mon ami, abandonné pendant
Mallarmé :              deux ans : après tout, des poèmes, seulement teintés d'Absolu, sont déjà
Correspondance 1862     beaux, il y en a peu -- sans ajouter que leur lecture pourra susciter dans
-1871 Tome I,           l'avenir le poète que j'avais rêvé.
Gallimard, 1959,        確かに僕は、<絶対>から再び下降して来ますが、<絶対>そのものを、ヴィ
p.???                   リエの例の美しい文章通りに、<詩（ポエジー）>とするつもりはないし、ま
                        た「<生成>の諸相の活きたパノラマ」を繰り広げるつもりはありません。−
雑誌・書名              −そうではなくて、この 二カ年にわたる<絶対>への入り返りが、(覚えてい
                        ますか、われわれのカンヌ滞在以来のことなのです。) 僕の上にこれからも烙
                        印を遺すでしょうし、この烙印を、僕は 一つの<聖別式>としたいのです。僕
                        は 二年の間見棄てられていた僕の自我の中に、再び下降します。結局、詩篇
                        (ポエム) は<絶対>の色を帯びてさえいれば、それだけで既に美しいので
                        す。しかも、そんな詩はめったにありません。−−もっとも、詩を読むこと
                        が、僕の夢みていた詩人を未来の中に出現させることはあり得ましょうけれど
                        も。

                        ヴィリエ・ド・リラダン『イシス』第八章参照

所蔵
自宅

使用論文名
ヘーゲルを読むマラル
メ
```

　これはデータベース・ソフトを使って作っています。好みですが、私はデータをバインダーに綴じておいて、いつでも手書きでメモを書き込めるようにしておくことが好きなので、印刷して用いています（結局はアナログですね）。

　次のものは私が修士論文を書いたときにワープロソフトで作ったものですが、これでも十分です。このときもこれをすべて印刷して、パンチで穴をあけ、バインダーに整理・分類しました。

作者：浅井香織
題名：『音楽の〈現代〉が始まったとき―第二帝政下の音楽家たち』
出版社：中央公論社、中公新書
出版年：1989年
頁数：p7-8

　第二帝政下のパリに生れ合わせた文学者や芸術家は、否応なくこうした社会と大衆の網の目に捕らえられた。もはやロマン主義華やかりし頃の芸術家的蔑視あるいは無視をもってブルジョワに対することは、彼らにとってもあり得ぬ選択となっていたのだ。ロマン主義時代の芸術家が理解されざる少数派として自分たちの立場を誇大視することができたのは、ブルジョワどもがそのあくなき〈所有〉をまだ文化的領域にまで持ち出していなかったからである。つまり、彼らにはまだ作品を読んだり、聴いたりする余裕がなかったのだ。だがこの時代になると、物質面での所有を完成させたブルジョワたちが、こんどは先を争って小説を読み音楽に熱中するのである。彼らが芸術に顔を背けているうちはまだ良かったが、いまや書物を身近なものとし音楽や絵画について語ることが市民のたしなみとなってしまう。ブルジョワジーはあたかも芸術の理解者という顔をして、こうした善意を芸術家に差し出すのだ。この善意は芸術家の名前を、快楽として消費される一つの記号としてしまうだろう。

第3章　〈語の意味〉を疑ってみよう　　79

第4章
〈論理の構造〉を疑ってみよう

さて、今度は「〈論理の構造〉を疑ってみよう」ということに移りましょう。ただこれはやや難しいですので、まず論理というものから説明したほうがよいでしょう。私たちは日常的によく「論理的」という言葉を使っていますが、「論理的とは本当はどういうことなの？」（これ自体、すでに「意味を問う」行為になってしまっていますね）ということから始めましょう。というのも私たちはきわめて曖昧に論理という言葉を使っていることのほうが圧倒的に多いからです。
　語の意味を問うということは「あれっ？」「おやっ？」と思ったことと比較的結びつきやすく、いいかえれば直観的に「怪しい」と引っかかることが多いものです。ですが論理は文章と文章のつながりを問題にし、そこに飛躍や独断がないかを問うことになります。そのためにはテキストを一種の建築物のような構造体ととらえることが必要になってきます。建物全体を支える柱はどのようなもので、そうした柱や壁をつなぎ止めているものは何かということを見るようにテキストも読み解いていかなくてはなりません。つまり論理の構造を疑う前に、まず正しく論理構造を理解する、テキストを正確に把握するということを学びましょう。論理構造がずれていたりすると、「あれっ？」とか「おやっ？」という気持ちを起こさせます。

1　接続詞や接続助詞から関係を見つけ出す

　テキストの場合、完成した建物全体にあたるのがテキスト全体であり、そのテキストを構築するためにさまざまな文が結びついています。そのときの文と文とを結びつけるものを考えてみましょう。文と文を結びつける関係ですので、これを接続関係と考えましょう。そして接続関係を見出すもっとも明示的な指標は「接続詞」です。接続詞というとなんだか日本語文法のような気がして、面倒臭そうに見えますが、そんなに難しく考える必要はありません。私たちが経験的に用いていることを整理

することなのですから。
　さて、私たちが日常よく使う、あるいは目にする接続詞にはどのようなものがあるでしょう。ざっと主だったものを見ておきましょう。

　　それで、だから、そのため、そこで、したがって、ゆえに、すると、それでは、それなら、しかし、しかしながら、が、けれども、ところが、だけど、なのに、のに、それなのに、それにもかかわらず、にもかかわらず、ものの、とはいうものの、それも、でも、および、かつ、また、ならびに、そして、それから、それに、しかも、そのうえ、おまけに、それどころか、どころか、そればかりでなく、そればかりか、一方、反対に、逆に、または、あるいは、もしくは、それとも、なぜなら、というには、だって、なお、ただし、ただ、ちなみに、もっとも、つまり、すなわち、要するに、たとえば、いわば、それでは、では、さて、ところで、

意外と多いですね。また文章の接続を表すものは何も接続詞だけに限りません。

　　ば、と、ても、でも、けれど、けれども、が、のに、ので、から、し、て、で、ながら

　このようなものも接続関係を表してくれるでしょう。「接続助詞」と呼ばれるものです。もちろんこれ以外にもたくさんありますが、今、挙げたようなものがだいたいの文の接続関係を表してくれていると思います。
　いささかうんざりですね。機能も多種多様です。これでは細かすぎて煩瑣なので、もう少し簡単なものに分類し直しましょう。やみくもに分類しても仕方がないので、ここでは論理学者の野矢茂樹[31]が『論理トレーニング』という本で、四つに分類した項目に従ってみましょう。それは

31　野矢茂樹（1954–　）　東京大学教授。『論理学』、『心と他者』、『哲学の謎』、『語りえぬものを語る』等。

第4章　〈論理の構造〉を疑ってみよう　　83

次の四つの接続関係です。

　　解説
　　根拠
　　転換
　　付加

これであれば、どうにか対応できるでしょう。では野矢の分類と定義に従いながら、夏目漱石の『三四郎』を使って、それぞれを見ていきましょう。ここでの引用は読みやすさを考え、新字新仮名にしてあります。

◉解説
「要するに」などで始まる文で、これらは前文までで語られていたことを要約するものです。たとえば、次のような文章がそうです。

　　なかに一人広田さんと言った者がある。それからなぜ広田さんは独身でいるかという議論を始めた。［……］
　　　だんだん聞いているうちに、要するに広田先生は偉い人だということになった。

「要するに」と同じ要約の機能があるのは、「つまり」です。

　　見ると、昔のとおりの顔をしている。昔のとおりの服装をしている。髪も昔の髪である。黒子もむろんあった。つまり二十年まえ見た時と少しも変らない十二、三の女である。ぼくがその女に、あなたは少しも変らないというと、その女はぼくにたいへん年をお取りなすったという。

一方、「つまり」は前文の言い方が難解であると感じたため、別の言葉で言い換えたときの指標にもなります。「すなわち」などもこれにあたり

ます。この仲間には「換言すれば」「言い換えれば」などが入ることも容易に想像がつくでしょう。

> 「ばかいっちゃいけない。発起人って、おもてむきの発起人じゃない。ただぼくがそういう会を企てたのだ。つまりぼくが原口さんを勧めて、万事原口さんが周旋するようにこしらえたのだ」

ただし「つまり」は少し気をつけましょう。というのも、「つまり」の意味には、「結局」「つまるところ」の意があり、結論を導くことができることです。「つまり」は結論を導くものとして使われることもある、ということです。

> 三四郎はこの時ふと汽車で水蜜桃をくれた男が、あぶないあぶない、気をつけないとあぶない、と言ったことを思い出した。あぶないあぶないと言いながら、あの男はいやにおちついていた。つまりあぶないあぶないと言いうるほどに、自分はあぶなくない地位に立っていれば、あんな男にもなれるだろう。世の中にいて、世の中を傍観している人はここに面白味があるかもしれない。

あるいは前に文章を敷衍して述べる場合も考えられます。

> たといほかの気分で戸外から帰って来ても、画室へはいって、絵に向かいさえすれば、じきに一種一定の気分になれる。つまり絵の中の気分が、こっちへ乗り移るのだね。

いずれにしても解説や説明の指標となる接続関係は「要約」「換言」「敷衍」の三つの機能に集約することができます。
　一方、「たとえば」という例示を示す語も大きく分類するとこの解説や説明に含まれるでしょう。というのも例示は前の文章で言われたことを具体的な例でもって説明している箇所と考えることができるからです。

第4章　〈論理の構造〉を疑ってみよう　　85

◉ 根拠

　何らかの理由が述べられていて、そこから何らかの結論が導き出されている関係です。大きく分けると原因・理由を述べる関係と帰結の関係の二種類に分類できます。

　理由を述べる関係の指標となるのは、「なぜならば」「というのも」といったものがまず挙げられます。このタイプの文章は、何らかの主張や結論があり、それを導き出す根拠・理由が次に提示されるという関係になります。また接続助詞の「〜から」「〜ので」といった語もこの関係の指標になります。これは理由があらかじめ先に述べられて、そこから結論が引き出されるパターンになります。

　　中学教師などの生活状態を聞いてみると、みな気の毒なものばかりのようだが、真に気の毒と思うのは当人だけである。なぜというと、現代人は事実を好むが、事実に伴なう情操は切り捨てる習慣である。切り捨てなければならないほど世間が切迫しているのだからしかたがない。

これは前者の「主張→理由」のパターンです。

　　「きょうは少し装置が狂ったので晩の実験はやめだ。これから本郷の方を散歩して帰ろうと思うが、君どうです、いっしょに歩きませんか」
　　　三四郎は快く応じた。

これは後者の「理由→結論」のパターンです。
　また帰結を表す文章の指標となるのは、「それ故に」「したがって」「だから」といった語です。これらがあると前文に書かれていることを根拠にして、何らかのことを帰結するタイプの文の構造であることが分かってきます。

午後は大教室に出た。その教室には約七、八十人ほどの聴講者がいた。したがって先生も演説口調であった。

　この帰結を表す構文は、条件構造を取ることも多いです。「〜ならば」というタイプのものです。「Aならば、Bである」というもので、Aは条件として提示されていますが、実際にはこれは根拠であり、そこからBという結論を帰結していることになります。

　自分が野々宮君であったならば、この妹のために勉強の妨害をされるのをかえってうれしく思うだろう。

⦿転換
　このタイプの文章の指標となるのは「しかし」「だが」などの逆接の接続詞です。いうまでもないことですが、前文までに主張されていたことと対立する主張が展開されることになります。みなさんも経験的に知っているはずですが、「しかし」「だが」などの逆接を示す語の前後は、非常に好対照な主張になっていることがしばしばです。そして重要なのは、作者の言いたいことは、往々にして逆接の接続語の後の主張だということです。

　穴倉の下で半年余りも光線の圧力の試験をしている野々宮君のような人もいる。野々宮君はすこぶる質素な服装をして、外で会えば電燈会社の技手くらいな格である。それで穴倉の底を根拠地として欣然とたゆまずに研究を専念にやっているから偉い。しかし望遠鏡の中の度盛りがいくら動いたって現実世界と交渉のないのは明らかである。野々宮君は生涯現実世界と接触する気がないのかもしれない。

　そうしたことは譲歩の文からもはっきりと読み取れます。譲歩も一種の転換です。「確かに／もちろん〜だけれども」、「〜にもかかわらず」と

第4章　〈論理の構造〉を疑ってみよう　　87

いったタイプのものです。この場合、「確かにAだけれども、しかしBである」のBのほうに作者の言いたいことがあることは分かるでしょう。次の文章を見てみましょう。

　相手はばかのような気がするにもかかわらず、あまり与次郎の感化をこうむらない。

⦿付加
　このタイプは転換の逆で、順接の接続語に導かれることが多いものです。たとえば「そして」は、前の文章を受けて、その情報や主張にさらに何らかのものを付け足すことになってきます。みなさんも小学校の時の作文で、文を「そして」でつないでいって、「そして」だらけの文章になってしまった経験を持っていませんか。これは「そして」で次から次へと、情報を付け加えていったからです。ところでそう考えてみると、「さらに」や「しかも」といった語で導かれる文も、このタイプに属することが分かると思います。「そして」に比べ、「しかも」タイプは主張が強くなります。例文を見てみるとはっきりします。

　美禰子は食い物を小皿へ取りながら、与次郎と応対している。言葉に少しもよどみがない。しかもゆっくりおちついている。ほとんど与次郎の顔を見ないくらいである。三四郎は敬服した。

　この付加のグループに属するものの一つに「むしろ」があります。「むしろ」は、「Aではない。むしろBである」、あるいは「Aである。いや、むしろBである」と前文が否定形、あるいは否定される文で、その後に前文を否定した別の肯定的な主張が続くというパターンになります。

　三四郎が見ると、この絵はいったいにぱっとしている。なんだかいちめんに粉が吹いて、光沢のない日光にあたったように思われる。影の所でも黒くはない。むしろ薄い紫が射している。三四郎はこの

絵を見て、なんとなく軽快な感じがした。

2 演繹と帰納

　論理的な文章とは文章と文章のつながりが適切なものをいいます。適切な文と文とのつながりは接続関係を追っていけば分かりますが、それだけでは論理的といえません。そこで展開されている論の進め方のパターンも問題になってきます。それは前提から引き出される結論が、あらかじめ前提の中に含まれていて、個々の現象がそれに当てはまるかを検証する演繹と個々の現象から共通の前提を推論する帰納に大別されます。ここではこの演繹と帰納を見てみましょう。

⦿演繹

　さてここで演繹という言葉が出てきました。演繹という言葉自体はたぶん、帰納という言葉とともに高校生のうちに出会っている言葉ではないでしょうか。

　演繹とは前提となる条件から何らかの結論を引き出すことになりますが、この結論はすでに、あらかじめ前提となる条件のなかに含まれていなければならないことになります。演繹で真として語られていることは、実は絶対的に正しいことです。言い換えると全体＝抽象から具体的な部分を定義するということになるでしょうか。

　ルイス・キャロル[32]の作った論理ゲームというものがあります。ルイス・キャロルという名前にはちょっとピンと来ない人もいるかもしれませんが、『不思議の国のアリス』の作者といえば「ああ、それなら知っている」というでしょう。あのチェシャネコやトランプの女王を作り出した人がルイス・キャロルなのです。さて、ルイス・キャロルが作った論

32　ルイス・キャロル（1832–1898）　イギリスの小説家、詩人、数学者、論理学者。『不思議の国のアリス』、『鏡の国のアリス』、『記号論理学』等。

理ゲームを見てみましょう。

> **テキスト1**
> いかなる子供も忍耐づよくない。
> いかなる忍耐づよからぬ人もじっと落着いていることができない。
> 　　　　　ルイス・キャロル『不思議の国の論理学』（柳瀬尚紀編訳）

　この二つの根拠から引き出されるもの、いや二つの前提に内包されているものは何かということを考えてみましょう。これは「いかなるxであるものはyではない」「いかなるyであるものもzではない」それゆえに「いかなるxもzではない」という関係になっていきます。ここではxは「子供」、yは「忍耐強くない」、zは「落ち着いていない」ですから、

　　すなわち、いかなる子供もじっと落着いていることができない。

ということになります。演繹はこうした二つの根拠になる前提に含まれていることから結論を導き出しています。これを複雑にしていくことは可能です。

> **テキスト2**
> ①──いかなる者も、教養があるのでないかぎり、「タイムズ」を購読しない。
> ②──いかなる針鼠も文字を読むことはできない。
> ③──文字を読むことのできない者は教養がない。
> 　　　　　　　　　　　　　　　　　　　キャロル前掲書

　さて今度は前提が三つになりました。ここでは三つの前提のうち二つを使って結論を導き出し、その結論を残りの前提と照らし合わせ、最終的な結論を出すことになります。さて、順に見てみましょう。②と③か

ら「針鼠は文字を読めない」→「文字を読めない者は教養がない」→「針鼠は教養がない」と結論づけられます。そしてこの結論と①から「教養がないものは『タイムズ』を購読しない」→「針鼠は教養がない」となり、この二つから導き出されることは次のようになります。

　いかなる針鼠も『タイムズ』を購読しない。

　これが演繹です。では、演繹は帰納とどう異なるのでしょう。そう、帰納というのは、演繹と常に対で登場してくるでしょう。何だか似ているようで、似ていないようでよく分からないというのがこの二つではないでしょうか。では次に帰納を見てみましょう。

◉帰納
　帰納はどのようなものでしょうか。帰納は具体的な部分から全体＝抽象を推論していくことです。ルイス・キャロルが作ってくれた例文に少し手を加えてみましょう。

> **テキスト3**
> 私の知っている子供は、誰一人として忍耐づよくない。
> これまで私が会った忍耐づよからぬ人はじっと落着いていることができない。
> すなわち、子供はじっと落着いていることができないはずである。

> **テキスト4**
> ①——私の知っている限り、教養があるのでなければ、「タイムズ」を購読しない。
> ②——私は文字を読むことのできる針鼠をみたことはない。
> ③——私の知る限り、文字を読むことのできない者は教養がない。
> ④——したがって針鼠はどんな種類のものであっても、『タイムズ』を購読できないはずだ。

ルイス・キャロルが作ってくれた演繹の例文と大きな違いはありません。ですが、演繹は全体、あるいは命題といってもよいかもしれませんが、そこから出発しています。つまり「子供は忍耐強くない」という大前提から出発しています。一方、帰納は具体的な事例から出発しています。「私の知っている限り」という限定の範囲のなかで「子供は忍耐強くない」としているのです。これが特徴です。演繹はすでに答えが前提のなかに含まれていて、ある現象がこの前提に合致するかどうかを検証することになります。一方、帰納は個々の現象からそれらに共通する普遍的な原理を見出すことになります。

　では演繹と帰納を比べた場合、どんな印象を抱くでしょうか。帰納の場合、全体を構成する部分をすべて集めることはできませんので、ある意味での不完全さがつきまといます。収集した具体例から全体である抽象を導き出すところに推測が入り、飛躍が生じる可能性があります。これはうまくするとこれまで誰も考えてみなかったような新しいものを生み出す可能性がある一方、荒唐無稽なものと一笑に付されてしまうかもしれません。一方、演繹は前提条件に答えが組み込まれているのですから、論証に関しては誤謬が生じることがないといってよいでしょう。しかし新しい視点の可能性は制限されます。

　テキストにはこの演繹の部分と帰納の部分が出てきます。テキスト全体がどちらか一方の方法で構成されることはまずありません。テキストはこの演繹・帰納、接続関係などから織りなされています。そしてこうして織りなされたテキスト（テキストはもともと織物という意味です）を読解することを「論証」と呼びます。

コラム：演繹的発想と帰納的発想

　演繹や帰納は大学生になったばかりの人であれば、数学の用語として学習したという人も多いのではないでしょうか。確かにこれらは数学的思考の際に用いられることの多いものなのですが、基本的には論理学的な構造を有していますので、発想法などにも用いることができます。も

ちろん演繹と帰納にはそれぞれ特徴がありますので、その特徴を理解した上で応用しましょう。

　演繹は、先ほど述べたように、全体がまずあり、そこから部分を論証することになります。言い換えればまず原則、原理などの普遍的なもの、すなわち全体が提示され、それに対し個々の現象が当てはまるかどうか、つまり部分が当てはまるかどうかを検証するものです。数学の公式などがあり、それに対し個々の現象がこの公式に当てはまるかどうかを検証することになります。この前提となるものから逸脱したものは除外されることになります。

　一方、帰納は個々の現象や事例から、普遍的な原則、原理、すなわち全体を推測するものです。個々の現象の事例が多ければ多いほど、そこから導き出される推論は確実性が高いといえるでしょう。帰納では最初に複数、提示される本来は無関係な現象を組み合わせて、そこに共通する根拠があるように提示します。一つでも例外があった場合、根拠は崩壊し、その推論は間違いということになり、破綻する危険性をはらんでいます。また現象から命題を引き出す際も、それは推論ですから本来的には根拠のない飛躍が見られます。そのためその現象からこの命題は抽出できないだろうという批判を受ける危険もあります。しかし逆にうまくいけば、その推論はある意味で創造的なものにもなりえます。

　これを発想法につなげていくことができます。つまり演繹的発想、帰納的発想です。ある原理を提示して、個々の現象がそれに当てはまるかと考える演繹的発想と、個々の現象から全体を包括する原理を推定していく帰納的発想です。

　人文科学系のテキストをクリティカルに読んでいくときには、まずこの帰納的な思考の方が創造的な結果をもたらすと思います。5章でもう一度このことは扱いますが、あらかじめ提示された原理原則にテキストを当てはめて、原則に当てはまった、当てはまらなかったと証明するよりも、テキストのさまざまな事例から読み手独自の原理原則を抽出していくことの方が創造的で楽しいと思いませんか。もちろんそこには先ほどいったような危険がともなうのですが。そしてこの帰納によって得ら

れた推論を今度は演繹で検証するという作業を繰り返すことで確固とした学知が形成されるのではないでしょうか。

3 論証

ところで接続関係と論理関係が分かると何が見えてくるのでしょう。テキストの言わんとすることです。文と文のつながりを正しく理解できれば、テキストを正しく把握できるようになります。次の文章を読んでみましょう。便宜上、各文章には番号を振ってあります。

> **テキスト5**
>
> ①丸山の古層論は今日あまり評判がよくない。②確かに「例外的といえるほどの均質性」が歴史的に保持されているという前提は、今日すでに崩れている。③そうとすれば、いわば有史以来変わらない発想法というのはあまりにも非現実的であり、そのまま認められないことは明らかである。④不変の発想様式を前提とすることは、形而上学的な決定論に陥ることになる。⑤しかし、では全面的に〈古層〉という発想を否定できるかというと、それはそれでまた逆の極端に走ることになってしまう。⑥我々の発想法は決して白紙状態で自由に形成できるものではない。⑦我々の現実は過去に制約されている。⑧しかも、我々を制約する過去は必ずしも表層に現れているとは限らない。⑨それは、言説化された思想の奥に潜むものである。⑩そうとすれば、それを〈古層〉と呼ぶことは可能である。
>
> 末木文美士『日本宗教史』

「丸山の古層論」とは、丸山眞男[33]の「歴史意識の古層」という論文のなかで述べられているもので、末木文美士[34]によれば丸山は記紀神話の冒頭の記述から「なる、つぎ、いきほひ」という「三つの範疇を取り出し、それが執拗な持続低音 (basso ostinato) として、『日本の歴史叙述なり、歴史的出来事へのアプローチの仕方なりの基底に、ひそかに、もしくは声高にひびきつづけてきた』」ものであると定義しています。要するに日本人が無意識だけれども共通して抱いている思考法のことです。

　①の文章で述べられていることは、この古層論は現代では、あまり評価されていないということです。②は譲歩の構文です。「『例外的といえるほどの均質性』が歴史的に保持されている」というのが古層論の言い換えであることは分かると思います。「確かにAだけれども、しかしBである」というパターンです。では、「確かに」に対応する「しかし」の文章はどこにあるのでしょうか。それが⑤の文章です。そして前述したように譲歩の構文の場合、Bの部分が作者の言いたいことなのです。ですので、丸山眞男の古層論は、現代からすると理論的に破綻している。しかしだからといって古層論を完全に否定できるものではない、ということになります。

　では③と④の文章は、どのように考えればよいでしょうか。③は②の文章に対して根拠の関係にあるといえます。③の文章では「そうとすれば」という表現が用いられていますが、「そう」という指示語の指している内容は「古層論の前提は崩れている」ということなので、「古層論の前提は崩れているとすれば」という条件構造として理解することができるでしょう。そこから当然のこととして帰結されるのは、「有史以来変わらない発想法」、すなわち古層論は「非現実的」であるということです。④の文章は、接続関係が明示されていませんが、③の文章の理由を述べた

33　丸山眞男（1914–1996）　日本の政治学者、東京大学名誉教授。専門は日本政治思想史。彼の学問は、「丸山政治学」とも呼び習わされてきた。『日本政治思想史研究』等。
34　末木文美士（1949–　）　日本の仏教学者。国際日本文化研究センター名誉教授、総合研究大学院大学名誉教授、東京大学名誉教授。専門は仏教学、日本思想史。『日本仏教史』、『日本宗教史』等。

ものと考えることができるでしょう。

さて⑥以降の文章ですが、これは「しかし」以降で述べられている作者の主張を論証したものです。⑥から⑨までが根拠部分で、この根拠をもとに⑩で「そうとすれば」という先ほどと同じ条件構造が用いられて、結論を帰結しています。

いかがでしょう。接続関係を追っていくとこの文章全体は、「一般に丸山眞男の古層論は否定されてしまっているが、この発想法は定義を限定して用いればまだ現代でも有効である」という作者の主張が見えてきませんか。何だ、当たり前のことじゃないか、といわれそうです。確かに私たちはこうしたことを無意識に、バックグラウンドで行っているのですが、それを今、改めて意識化しているのです。そうすることでこの章の本題、「〈論理の構造〉を疑う」ということに近づいていくことになります。

もうひとつだけ、接続関係を分析してみましょう。今度は少し古い文章です。和辻哲郎[35]の『倫理学』です。

テキスト6

①何千年何万年を通じて蓄積した理解には恐るべき深さがあるのである。②かかることが無数の事象に言えるとすれば、我々が土地として指し示しているものは、実に無限に深い理解の海である。③しかし、これらのものがすでに見いだされ作り出されたものとして共同の所有に帰している限り、我々は通例その背後に存する理解の深さには無感覚になっている。④それは日常平板な事象であって何の驚きにも値しない。⑤たとえば牛馬鶏犬の類がそうである。⑥これらのものに新鮮な活きた興味を感ずるのは、ただ嬰児のみであろう。⑦しかし、家畜の歴史をたどってみた人は、これらの家畜の背後に、動物についてのいかに永い、深い理解が存するかを感得するであろう。

和辻哲郎『倫理学』

---

35 和辻哲郎（1889–1960）　日本の哲学者、倫理学者、思想史家。彼の倫理学は「和辻倫理学」とも呼ばれる。『風土』、『古寺巡礼』等。

①と②の文章は根拠の関係を持っていることが分かるでしょうか。①で述べたことを②の「かかること」という指示語で受け、そうであるならば、という条件構造を取っています。具体的には分かりませんが、とにかく「深い理解」というものが、あらゆる現象に見られるとすれば、我々を取り巻く環境は「深い理解の海」であるということになります。③は転換の構造ですね。①と②で言われたことと逆の主張がなされています。③と④で述べられていることを具体的に提示したものが⑤です。⑤は一目瞭然、例示です。ただこれだけでは分かりにくいと作者は思ったのでしょう。⑥を付加しています。⑦はどうでしょうか。これは⑤から始まる例示の文章と関係しているように見えますが、実は③との対立関係にもあることは気をつけましょう。つまり③の主張とは逆のことを述べている転換の構文で、重要なのは、⑦の「しかし」以降の文章のほうが作者が強調したいことであるということです。「しかし」で接続された文章の場合、多くは「しかし」以降で述べられていることのほうが作者の主張となっているのは、前述の通りです。

　ここでも接続関係を追っていくと、「深い理解」というものにわれわれは取り囲まれているが、普段、そのことを忘れてしまっていて、たとえば家畜などに対しても当たり前のことと思ってしまうが、実際に考察してみると深い理解があるということになってきます。

　さて繰り返しになりますが、こうしたことから読み取れることは、文と文との関係です。それがはっきりと分かる指標が接続関係です。そしてそこからは最終的には、何らかの結論が引き出されるということになります。これが論理を問う上で非常に重要な観点になってきますので、忘れないでください。

　ここで述べていることは論理学のごくごく基礎的なことです。本来であれば、対偶などの論理構造、条件構造や論証図といったことも解説しなくてはならないのですが、ここでは紙幅の関係で紹介できません。もし論理学について学びたいのであれば、巻末の参考文献表に挙げたような本を参照してみてください。

第4章 〈論理の構造〉を疑ってみよう

◉接続関係の曖昧な日本語

　ところでここでやっかいな問題が生じます。これは日本語独特の問題でもあります。「伝統的に美しい日本文とは」ということを『文章読本』のなかで述べた谷崎潤一郎は「文章の品格」として「余りはつきりさせようとせぬこと」「意味のつながりに間隙を置くこと」を挙げています。次の一節を読んでみてください。

　　現代の口語文が古典文に比べて品位に乏しく、優雅な味わいに欠けている重大な理由の一つは、此の「間隙を置く」、「穴を開ける」と云ふことを、当世の人達が敢て為し得ないせゐであります。彼等は文法的の構造や論理の整頓と云ふことに囚われ、叙述を理詰めに選ばうとする結果、句と句との間、センテンスとセンテンスの間が意味の上で繋がつてゐないと承知が出来ない。［……］ですから、「しかし」とか、「けれども」とか、「だが」とか、「さうして」とか、「にも拘らず」とか、「そのために」とか、「そう云ふ訳で」とか云ふやうな無駄な穴填めの言葉が多くなり、それだけ重厚味が減殺されるのであります。
　　一体、**現代の文章の書き方は、あまり読者に親切すぎるやうであります**。実はもう少し不親切に書いて、あとを読者の理解力に一任した方が効果があるのでありますが、言語の節約につきましては後段「含蓄について」の項で再説する積りでありますから、此処では此の程度に止めておきます。

　　　　　　　　　　　　　　　　　　　谷崎潤一郎『文章読本』

　どうでしょうか。この一節は野矢茂樹も引用しており、読んだ時には「我が意を得たり」と思ったのでしたが、それはともかく谷崎が主張していることは、美しい日本語の文章とは、接続詞などのような余計なものを排除し、含みを持たせた文章だというのです。まるで文章と文章のつながりを明示的に、誤解のないように記した文章は、品がないといわんばかりです。ですが含みをもたせ、一種の余白のある文章が名文である

という日本の伝統があることは確かです。

　しかしその一方でこうした夾雑物を排除した文が名文だという谷崎の主張は、古典にしか当てはまらないだろうという反論がすぐに起こるかもしれません。実際、谷崎は名文の例として、明治以前の古典文学しか取り上げていません。明治以降の日本の言説は西洋化し、論理的な文体へ変化した、だからこそ谷崎はその現状を憂い、嘆いているのでしょう。確かに多くの文章、小説であってさえ、曖昧さを排除する方向に舵を切り、接続関係がはっきりしたものになっていることは事実です。しかし近代以降の日本の名文といわれるものには接続関係がはっきりしないものが多く含まれています。やや逆説的ですが、接続関係がはっきりしないからこそ、名文だといわれるのかもしれません。そこでは文と文のつながりは、論理的であるというよりも飛躍があるように見えてしまいます。しかしそこに隠された接続関係を補ってみると、意外と論理的な文章になってくることがあります。

⦿飛躍と省略のある名文

　ところで一般に飛躍が多くて、難解な文章といった場合、多くの人が名前を挙げる文学者がいます。批評家の小林秀雄[36]です。小林秀雄は名文家として有名ですが、同時に難解な批評家としても名が通っています。小林秀雄の「鍔」という作品を取り上げてみましょう。この文章は平成25年度の大学入試センターの試験の国語の問題に取り上げられましたので、読んだことがあるという人も多いのではないでしょうか。その一節を読んでみましょう。

> **テキスト 7-1**
>
> 　　この時代の鍔の模様には、されかうべの他に五輪塔やら経文やらが多く見られるが、これを仏教思想の影響といふやうな簡単な言葉

---

[36] 小林秀雄（1902–1983）　日本の批評家。近代日本の文芸批評を確立、ランボー等のフランス象徴主義の作品を翻訳・紹介。『Xへの手紙』、『私小説論』、『無常といふ事』、『考へるヒント』、『本居宣長』等。

第 4 章　〈論理の構造〉を疑ってみよう　　99

で片附けてみても、どうも知識の遊戯に過ぎまいといふ不安を覚える。戦国武士達には、仏教は高い宗教思想でもなければ、難かしい形而上学でもなかつたであらう。仏教は葬式の為にあるもの、と思つてゐる今日の私達には、彼等の日常生活に糧を与へてゐた仏教など考へ難い。又、考へてゐる限り、空漠たる問題だらう。だが、彼等の日用品にほどこされた、仏教的主題を持つた装飾の姿を見てゐると、私達は、何時の間にか、さういふ彼等の感受性のなかに居るのである。

　何時だつたか、田辺尚雄氏に会つて、平家琵琶の話になつた時、平家琵琶ではないが、一つ非常に古い琵琶を聞かせてあげよう、と言はれた。今でも、九州の或る処には、説教琵琶といふものが遺つてゐるさうで、地鎮の祭などで、琵琶を弾じながら、経文を誦する、それを、氏の音楽講座で、何日何時に放送するから、聞きなさい、と言はれた。私は伊豆の或る宿屋で、夜、ひとり、放送を聞いた。琵琶は数分で終わつて了つたが、非常な感動を受けた。文句は解らないが、経文の単調なバスの主調に、絶えず琵琶の伴奏が鳴つてゐるのだが、それは、勇壮と言つてもいゝほど、男らしく明るく気持ちのよいものであつた。これなら解る、と私は感じた。かういふ音楽に乗つて仏教思想は、学問などに用はない戦国の一般武士達の間に浸透したに違ひない、と感じた。仏教を宗教だとか思想だとか呼んでゐたのでは容易に解つて来ないものがある。

小林秀雄「鐔」

　小林秀雄の文章の特徴は、飛躍があることです。ここでは最初の段落と二番目の段落のあいだに大きな飛躍があるように見えます。確かに前半では鐔のことについて書いてあるのに対し、後半は説教琵琶について書かれています。しかしよく読めば、前半と後半には断絶があるものではないことが分かります。飛躍、あるいは断絶があるように見えてしまうのは、接続関係が曖昧だからです。しかしいくつか接続関係を補ってみると、実は小林秀雄の文章が論理的な構成を持っていることが浮かび

上がってきます。

> **テキスト 7-2**
>
> ①この時代の鐔の模様には、されかうべの他に五輪塔やら経文やらが多く見られるが、これを仏教思想の影響といふやうな簡単な言葉で片附けてみても、どうも知識の遊戯に過ぎまいといふ不安を覚える。②［確かに］戦国武士達には、仏教は高い宗教思想でもなければ、難かしい形而上学でもなかつたであらう。③［しかし］仏教は葬式の為にあるもの、と思つてゐる今日の私達には、彼等の日常生活に糧を与へてゐた仏教など考へ難い。④又、考へてゐる限り、空漠たる問題だらう。⑤だが、彼等の日用品にほどこされた、仏教的主題を持つた装飾の姿を見てゐると、私達は、何時の間にか、さういふ彼等の感受性のなかに居るのである。
>
> ⑥［たとえば］何時だつたか、田辺尚雄氏に会つて、平家琵琶の話になつた時、平家琵琶ではないが、一つ非常に古い琵琶を聞かせてあげよう、と言はれた。⑦今でも、九州の或る処には、説教琵琶といふものが遺つてゐるさうで、地鎮の祭などで、琵琶を弾じながら、経文を誦する、それを、氏の音楽講座で、何日何時に放送するから、聞きなさい、と言はれた。⑧私は伊豆の或る宿屋で、夜、ひとり、放送を聞いた。⑨琵琶は数分で終わつて了つたが、非常な感動を受けた。⑩［なぜならば］文句は解らないが、経文の単調なバスの主調に、絶えず琵琶の伴奏が鳴つてゐるのだが、それは、勇壮と言つてもいゝほど、男らしく明るく気持ちのよいものであつた［からである］。⑪これなら［ば］解る、と私は感じた。⑫［つまり］かういふ音楽に乗つて仏教思想は、学問などに用はない戦国の一般武士達の間に浸透したに違ひない、と感じた。⑬［要するに］仏教を宗教だとか思想だとか呼んでゐたのでは容易に解つて来ないものがある［のである］。

鬼籍に入っている小林秀雄の怒り声が聞こえてきそうです。せっかく

の名文を私が無粋にも接続関係を補ってしまったがゆえに台無しにしてしまいました。ですがいくつかの接続関係を表すものを補ってみると、この小林秀雄の文章が論理的に展開しているのが分かってくると思います。①の文章がこのテキストの主題です。これを小林秀雄は論証しようとしています。②と③は譲歩の構文「確かにAだけれども、しかしBである」と考えると分かりやすくなります。小林秀雄の文にはありませんが、②に「確かに」を、③に「しかし」を補ってみると、全体が分かりやすくなります。④は「又」という語がもともと使用されていますが、これは列挙のためのものではないのは、一読して分かります。これは「付加」を表し、「しかも」「さらに」などと同様の機能を果たしています。⑤は③④の「転換」です。この⑤が、①から⑤までの文章群のなかで、小林秀雄がもっともいいたかったことです。要するに「考えていただけでは分からない。感じ取らねばならない」ということをいっています。

　⑥の文章は、前段落との繋がりからすると、違和感を覚えます。いささか唐突に話題が転じた印象があります。しかし⑥から⑩は、⑤の「彼等の感受性のなかに居る」という体験の具体例なのです。そこであまり繋がりはよくありませんが、ここでは例示なので「たとえば」を補ってみました。⑦から⑨は⑥の「解説」になります。⑩は⑨での体験「感銘を受けた」ことの理由を解説しています。⑪は前文を受けて条件構造の形を取った根拠の文です。すなわち「AならばBである」という構文です。ここでは「これ」が説教琵琶の調べであり、「分かる」といっていますが、「分かる」の内容ははっきりしません。そのため⑫の文章は⑪で「分かる」といったことを説明し、まとめています。⑬は今述べられたことから帰結できる結論をまとめています。そしてこの⑬が⑤に対応しています。もちろん私が補った接続関係の可能性は他にもあるかもしれませんが、こうしてみると、小林の結論とは、「この当時の仏教について理解しようとしたら、宗教や思想として捉えてもわからない、感覚で理解するものだ」というものです。

　こうして小林秀雄のもとの文章を台無しにして、谷崎潤一郎が眉をひそめるぐらい接続関係を補ってみると、小林秀雄のいいたいことが論理

的に浮かび上がってくるのが分かりませんか。

4 | 論理の流れを疑う

　ここまで読んできて、正確な読みということが何となく分かってきたのではないでしょうか。正確な読みとは、接続関係などからテキストの論理構成を把握することだということになります。論理構成を把握できるということはどういうことでしょうか。もう分かりますね。ひとつは、接続関係を正しく理解することです。もうひとつはいくつかの前提条件から引き出される主張や結論、推論を把握することです。ところでここで当初の問題にもどってみましょう。本章は「〈論理の構造〉を疑ってみよう」でした。これは、論理の流れを問題にすることと論理の前提を問題にすることの二つに分けられます。ここでは、具体的に論理構造を把握できない、あるいは誤ったものと結論せざるを得ない例を見てみましょう。つまり論理の流れがおかしいパターンです。私の大学で行われている授業で、「アカデミック・スキルズ」というものがあります。一年間をかけて、自分で問題を解決し、論文にしていくという授業なのですが、まだ大学1年生になったばかりのある学生——H君としましょうか——が論文のアウトラインを発表したときのことです。その学生は次のような論の展開をしました。

> **テキスト8**
> 　2014年6月にブラジルで行われたサッカー・ワールド・カップに参加したヨーロッパのナショナル・チームのユニフォームに着目してみよう。ヨーロッパのどの国も黄色のユニフォームを採用していない。これはなぜだろうか。
> 　この背景にはヨーロッパでは古代以来、黄色は不吉な色とされていたことが考えられる。というのも黄色はイエス・キリストを裏切っ

たユダが着ていた服の色だったからだ。実際、ジョットの描いた有名な「ユダの接吻」でもユダは黄色の衣で描かれている。こうしたことから、ヨーロッパでは黄色は不吉な色と考えるようになった。
　こうした伝統もあってヨーロッパでは今でも黄色を不吉な色と思っていることがうかがわれる。そのため現在でもヨーロッパではナショナル・カラーには使われないと結論する。

　これは正しいでしょうか。①ヨーロッパでは黄色をナショナル・カラーに使っている国はない。②ヨーロッパでは黄色は裏切りを表す。③したがって黄色は今でも不吉な色と思われるので、使わない、というのが論理の流れです。しかしこのアウトラインにはいくつかの点でミスがあると思われます。
　まずこのアウトラインの発表の後に質疑応答があったのですが「北欧のチームのなかには黄色のユニフォームを採用している国もありますが、これはどういうことでしょうか」という質問が真っ先に挙がりました。この点に関しては、調査不足もあったのですが、H君は、質問に答えることができませんでした。この時、H君は帰納の説明の際に話した危機に陥ってしまっています。つまり帰納は個々の現象から全体的な原理原則を抽出するやり方ですが、この引き出される原理原則の確実性は、単純に考えれば個々の現象、つまりサンプルが多ければ多いほど確実になることは前述の通りです。逆の言い方をすれば、一つでも例外が見つかってしまったら、その原理原則は破綻してしまいます。この黄色のユニフォームの話も北欧では黄色のユニフォームが使われているという例によって破綻してしまいました。こうした破綻を回避して、条件の中から例外を排除しておく必要があります。たとえば黄色は金色の代用色でもあるので、不吉な色としての側面ばかりでなく、黄金と結びつく傾向の強い勝利などの観念を象徴していることが考えられるといったことを考えておくべきです。
　それから問題になったのは、不吉と裏切りとを混同しているということでした。確かにいずれもネガティヴなものには変わりはなく、それぞ

れ共有している部分もあるとは思いますが、この場合はやはり厳密に区分すべきでしょう。また不吉な色と思われていたから、それをキリストを裏切ったユダに当てはめたのか、ユダが着ていた服が黄色であったから、黄色は不吉な色とされるようになったのかということが検討されていません。おそらくは起源は定かではありませんが、黄色をネガティヴな観念の象徴としたことから、ユダに黄色い服を着せて表象するということになったと推測されますが、こうしたことが検証されていません。

　こうしたいくつかの問題点から、このH君のアウトラインは論理的とはいえないということになるでしょう。

　でも論理的でないからといって否定されるべきことでもない場合もあります。とりわけ文学ではそうした傾向が顕著にあらわれることもあります。たとえば吉田健一[37]という小説家・翻訳家がいました。彼はまた名随筆家としても知られています。彼の随筆の一節をテキストにしてみましょう。これも野矢茂樹が引用している例文で、とても面白いものです。読んでみましょう。広島県呉市で作られる奈良漬けが絶品であると礼賛する文章です。

テキスト9

　実はここの所暫く食べてゐないので以上の他にどういふ野菜が奈良漬けになるのか思ひ出せない。併しやはり各種の瓜や茄子がかうして漬けるのに適してゐるのではないかといふ気がしてそれはかういふ野菜の方が水分、つまり酒の香気を吸ひ込み易い構造であるからであり、英国のチャアチルは一生酒を飲み続けて体中の細胞がアルコオル漬けになつて病気になりたくても菌を寄せ付けず、それで長寿を全うしたといふ話がある。呉市で作るやうな奈良漬けにもその旨味がある。

吉田健一『私の食物誌』

37　吉田健一（1912–1977）　日本の評論家、翻訳家、作家。英文学、仏文学の教養に基づく批評活動を行う。『シェイクスピア』、『ヨオロッパの世紀末』、『瓦礫の中』等。

ここで呉市の奈良漬けが酒好きでアルコール漬けといわれていた英国の首相のチャーチルの比喩で語られています。文章は呉市の奈良漬けに向く野菜を思い出して瓜や茄子などが適切だろうと推測を下すところから始まります。そしてそれはこういう野菜が酒の香気を吸い込みやすいからだろうと推理しています。この酒からの連想で、チャーチルが登場します。チャーチルもアルコールを吸収しやすい体質だったので、酒のエキスを吸い込んでそれでアルコール殺菌をするので、病気にもならず、長寿を全うしたとしています。そして今度はそこからの連想で、もう一度奈良漬けに戻って、呉市の奈良漬けにも酒の作用でチャーチルのように雑菌を寄せ付けないところがあり、いつまでも旨味を保っていられるのだろうということになっています。この奈良漬けからチャーチル、チャーチルから奈良漬けについては論理関係は存在しないといってよいでしょう。イメージの連想で、それぞれには実は論理を超えた飛躍があります。この飛躍には根拠がありません。しかしこの吉田健一の文章を読んでいると、呉市の奈良漬けを食べたくなります。あるいはチャーチルの例を読んで「なるほどなあ、うまいこというなあ」と感心してしまいます。そうなのです、論理を超えて読者に迫ってくるものがあるのが文学の特徴です（もちろんみなさんがこれをレポートや論文で実践しても、評価されないでしょう。それは求められているものが異なっているからです。むしろレポートや論文はこういった飛躍のあるテキストに着目して分析することになります）。

5 ｜ 論理の前提を疑う

　ところで、〈論理〉を問うということは、〈論理〉の流れを問うことと、もう一つ、〈論理〉の前提を疑うというものがあります。〈論理〉の前提は、命題や定理のようなもので、疑いの余地のないものとするのが前提ですが、それをあえて疑ってみるということです。するとたとえばその

テキストが成立した環境で共有されていた真理が浮かび上がってきたりします。それが現代のわれわれの認識との差があれば、そこに現代と過去の事物の捉え方の違いが表れるはずです。またそれは命題や定理と思われていたものが、現代では普遍的なものではないが、普遍的なものと考えられていた時代もあったことも浮かび上がってくるでしょう。まずは次のテキストを読んでみましょう。

テキスト10-1

　純粋な存在が最初に来るのは、それが、純粋な思考であるとともに、なんの区別もない、単純で直接のものだからだ。はじまりをなすのは媒介されたものではありえないし、あれこれ区別のあるものではありえない。
《註解》［……］存在が絶対者の述語として言明されるとき、絶対者の第一の定義──「絶対者は存在である」──があらわれる。それは（思考のなかで）文句なくはじまりをなす、もっとも抽象的で、もっとも貧弱な定義である。
　　　ヘーゲル『哲学の集大成・要綱　第一部　論理学』（長谷川宏訳）

テキスト10-2

　さて、この純粋な存在は純粋な抽象体であり、絶対に否定的なものである。これもまたそのままとらえると、それが「無」なのである。
《註解》一、ここから絶対者の第二の定義──「絶対者は無」である──が出てくる。物自体は無規定なものであり、まったく形式も内容も欠いたものだ、といわれたり、神は最高の存在にすぎず、それ以上のなにものでもない（最高存在たる神はなにもかも否定するといわれるのだから）、といわれるとき、そこには実際に右の定義がふくまれている。仏教徒が一切の原理とし、万物の究極目的ないし究極目標となす無も、同じ抽象体である。
　　　　　　　　　　　　　　　　　　　　　　　ヘーゲル前掲書

第4章　〈論理の構造〉を疑ってみよう

テキスト 10-3

　　直接的で自己同一の「無」は、逆にまた、「存在」と同じものである。したがって、存在と無の真理は両者の統一であり、この統一が「生成」（「なる」）である。

ヘーゲル前掲書

⊙何を問題にすべきか

　さて、問題です。このやたらと難しい、もしかするとほとんど理解のできないテキストで、「あれっ？」だらけになってしまったなんていわれるかもしれませんが、あえてみなさんに問います。

　【問題】この文章は論理的に正しいですか。それとも飛躍がありますか。

　ここで登場してもらったのは、ヘーゲル[38]です。いうまでもありませんが、ドイツの偉大な哲学者で、弁証法という術語と関連づけて記憶に残っている人も多いのではないでしょうか。でも実際にヘーゲルの本を手にして読んだことのある人となると、ぐっと数は減ってくるでしょう。ここで取り上げる文章はヘーゲルの『哲学の集大成・要綱　第一部　論理学』の一節です。ヘーゲルは論理学と題する本を二種類書いています。そのうちここで取り上げるのは通称「小論理学」と呼ばれるものです。何だか存在だとか、無だとか、難しい言葉が出てきました。ですが、ここではヘーゲル哲学を分析し、研究する場ではありませんから、これらの語に深く立ち入ることはやめましょう。問題はこれが論理的に正しいといえるか、それとも飛躍がみられるか、ということです。

　そうはいってもいくつか用語の説明をしておきましょう。まず「絶対者」です。ヘーゲルの言葉では「神を思想として、思想の形で表現する

---

[38] ゲオルク・ヴィルヘルム・フリードリヒ・ヘーゲル（1770–1831）　ドイツの哲学者。ドイツ観念論を代表する一人。後世に多大な影響を与えた。『精神現象学』、『論理学』、『歴史哲学講義』、『美学講義』等。

のが『絶対者』という観念」ということになります。「絶対者」は神のような超越的な一者と考えましょう。また「物自体」という語ですが、これはカント哲学の影響のある語と考えられます。「物自体」とは、ギリシア語のヌース［精神］と同じもので、感覚的なものを超えたところにあるものです。世界の現象は、人間の感覚によって認識されたもので、物自体ではありません。しかし現象の起源としての物自体は存在することになります。それは感覚によって把握されないので私たちにはどういうものか分からないのですが、ともかくそうしたものがあるとは考えることができます。

さてこれを踏まえて、テキスト 10–1 からテキスト 10–2 までの論理の流れを追ってみると、次のようになります。

① 絶対者は存在である。
② 絶対者は無である。
③ 絶対者は存在し、かつ無である。

これ自体は、矛盾することになってしまいます。「在る」ことは「無い」ことだというのは明らかに矛盾です。しかしヘーゲルの文章を読んでいくと、これが間違いではないことになってきます。ヘーゲルは「在る」ということは直観的に把握されるもので、これは疑いようもないことだとしています。

このあらゆるものに先だってある純粋な存在が、絶対者＝神であり、それはまた純粋な抽象体であるので、いかなる具象的な形式も内容も持ち合わせていません。そうした意味ではすべての形式や内容を否定したものであるといえます。つまりこれはいかなる表現形式によっても表現できないけれども在るものなのです。このいかなる表現形式も持たない、いや、いかなる表現形式も否定するものが絶対者であり、そうした形式や内容を否定したものをあえて表現しようとすると、論理学的にはそれは無としか表現できないことになります。

そのため「在る」ということで何らかの形式を与えようとすると、そ

第 4 章 〈論理の構造〉を疑ってみよう　109

れは否定され、「無」にされ、しかしそれはやはり「在る」ので、「在る」ことで何らかの形式を与えると、また「無」にされ、ということを繰り返すことになります。この「在る」と「無い」との反復運動が「生成」ということになり、そうした場合、「存在」し、かつ「無」であるということになります。

このヘーゲルの説明を読むと、結論の「絶対者は存在し、かつ無である」ということは矛盾せず、論理的であるといえます。これで一件落着です。

◉前提を問題にする

ところが、テキスト10–2がどうしても気になります。西洋の、しかもキリスト教圏の哲学者の文章に「仏教徒」という言葉が闖入してくるのが、何だか「あれっ?」という気持ちを引き起こします。

確かにこの本を読んでいるみなさんの多くは、家に仏壇があり、法事を営んだりしますが、熱心な仏教徒であるという人は珍しいのではないかと思います。ですが、そういった私たちでも子供の頃から、精神を集中することを「心を無にする」といってみたり「無我の境地」と表現してみたりして、無というものは西洋人に比べ、はるかに身近なものです。だからということではないですが、ヘーゲルが「仏教の究極の状態は西洋人のユダヤ=キリスト教的な神と同じ」というのは、いささか違和感をおぼえるのではないでしょうか。

ヘーゲルは神はいかなる形式も内容も持たない純粋な存在なので、それをあえて表現しようとすると「無」としか表現できないといっています。神はイメージすることも、表現することも、到達することもできない超越的な高みの一点の存在なのです。神は人間の知性の限界以上のものなので、何らかの形で表現することはできないのです。

ここで検討してみなければならないのは仏教徒の考える無ということになるでしょう。これがいかなる形でも表現できないから無としか表現できないというのであれば、確かに両者をつなぐことはできると思います。仏教では無は究極の状態であることは確かですが、この無の状態は

ヘーゲルが言うようなものと果たして同じものなのでしょうか。私は仏教学者でも僧侶でもないので、仏教の無というものが本当はどういうものか明確にいえる自信はありませんが、私が知り得た知識では、仏教の無とは言語で考えるということを否定していくことです。一切を言語で把握しないということです。これは言葉でいうほど簡単ではありません。試しにちょっと言葉で何も考えないということを試してみてください。「ようし、考えちゃいけない」と思った瞬間、言葉で考えてしまっています。「しまった、考えてはいけないのだった」と考えてしまったことに気付いてそれを否定しても、それ自体が言葉で考えたことになってしまい、「しまった、また」と思った瞬間に言葉で考え、「しまった」とまた思った瞬間……、とどこまでも言葉がつきまとってきます。つまりわれわれは言葉で世界を把握しているのです。仏教の修行の目的の一つはそれを一つ一つ否定していって、その究極の先にある言葉で考えない瞬間に到達することであるということです。否定の末に何も考えない境地、何も認識しない境地に達することができるのです。それは世界から自分を切り離すのではなく、世界と一体になることです。そう、言葉で考えることとは、言葉が世界から人間を切り離してしまうことであり、そのため人間の四苦が生じてしまうのです。この無に至ると、人は永遠の平安、苦しみからの解放があることになります。もちろんこの考えはもっと複雑なはずなのですが、ここではそれを論じる場面ではありませんので、簡単に以上のように述べておきます。仏教の無とは言語で表現できないから無としかいえないというのではなく、言葉を否定して、自己を分節化しない、言葉以前の世界に到達することなのです。ちょっと違うような気がしませんか。

　ここでヘーゲルは仏教の無の考えを果たして知っていたかということが問題になります。これを次に検討してみましょう。ヘーゲルの仏教に関する情報源についてはすでに研究されており、『水と陸への一般旅行記、すなわち全紀行文集』（1750 年）がその一つです。ここでは仏教に関する記述は次のようになっています。

第 4 章　〈論理の構造〉を疑ってみよう　　111

彼らは次のように言う。空あるいは無は一切の事物の始原である。この無から、また諸要素の混同から一切の事物は生み出されるのである。そしてそこへと再び回帰せざるをえない。［……］要するに、徳と幸福とは、全くの無感動に、不動に、一切の欲望の停止に、身体の一切の運動の強奪に、霊魂の力の無力化に、また思想の全き停止にある。もし人間がひとたびこの幸福な状態に達するなら、あらゆる変遷は終る。人間はこれ以上、あとからおそれる必要はない。なぜなら、彼は本来的に言えば、何ものでもなく、あるいは、もちろん何かであるなら、幸福だからである。一切を一言でいうなら、仏たる神と同様、完全だからである。
　　『水と陸への一般旅行記、すなわち全紀行文集』（岩波哲男訳）

　確かにこの記述が、ヘーゲルの仏教知識のもとになっていることは間違いないでしょう。というのも仏教では一切の始まりは無であり、究極の目的もまた無であると書かれていますが、『論理学』の記述も究極の状態は無であると同じことをいっているからです。
　『水と陸への一般旅行記、すなわち全紀行文集』で書かれていることで重要な点は「無から始まり無に帰る」というものです。これは18世紀までの特に宣教師の文献を当たってみるとよくあらわれる言説です。
　ここで書かれている仏教の無とは、存在を消滅させてしまうものです。それが端的に表れているのが「霊魂の力の無力化」という箇所です。霊魂や魂は表現できないが、存在しているものです。それを無にするのが、仏教であるという理解です。当時のヨーロッパで考えられていた仏教的無とは形而上学的に無なのです。本当に何もないことです。一方、『論理学』でいわれている「無」とは表現できないがゆえに、論理的に無なのであって、形而上学的には存在するのです。これでは矛盾してしまいます。
　ところが、仏教に関するもう一つの情報源が知られています。1799年、イギリスの軍医であり、植物学者であったフランシス・ブキャナン[39]が

39　フランシス・ブキャナン（1762–1829）　イギリスの軍医、植物学者。

「ビルマの宗教と文学について」と題する論文を『アジア研究』第 4 巻に発表します。ここではバラモン教と仏教が異なることを述べ、「ニルヴァーナ」がどのようなものかを説明しています。このニルヴァーナが無のことです。この論文をヘーゲルやショーペンハウアー[40]は目にしています。ヘーゲルが目にしたというブキャナンの論文ではこの「ニルヴァーナ」＝無がどのように描かれているのか、確認してみましょう。

> 私の友人たちによってそのテキストのなかで使われ、また、一般に宣教師によって使われる「無化」は、この主題を扱う際に、きわめて不適切なことばである。「Nieban」は、人間に起こりがちなすべての悲惨を免れることを意味するが、けっしてそれは無化を意味しない。

　文中の Nieban がサンスクリットのニルヴァーナ、漢語での涅槃にあたることは想像がつくと思います。ここでブキャナンは二つのことを言っています。一つは Nieban は煩悩＝苦しみから解放された状態のことを指す言葉であること、もう一つはこれが「無化」、すなわち無くなって消滅してしまうことではない。西洋的な言い方をすれば魂の消滅ではないということです。翻訳で用いられていた言葉に従うなら「霊魂の力の無力化」ではないのです。これがヘーゲルの同時代の学問的な捉え方でした。というのもこの時代のニルヴァーナに関する記述はほぼブキャナンの主張と同じだからです。これがその後のヨーロッパの仏教学の基礎となります。
　さてヘーゲルが仏教について参照した二つの参考文献を読み比べてみると、どんなことが浮かび上がってくると思いますか。『水と陸への一般旅行記、すなわち全紀行文集』では仏教は無に始まり無に帰するもので、この無が神であるという、いわば古くから流布していた言説です。一方、ブキャナンの論文は仏教徒の目指す涅槃とは形而上学的な無ではない、

40　アルトゥル・ショーペンハウアー（1788–1860）　ドイツの哲学者。仏教、インド哲学からの影響が強い。『意志と表象としての世界』等。

間違えてはいけないといっており、ヘーゲルの同時代の言説です。つまりヘーゲルは仏教が無を目指す信仰で、その無が神であるという古い学説しか知らなかったのではなく、同時代の仏教理解のこともちゃんと視野に入れていたことになります。

　宣教師たちが語った仏教の無とは、形而上学的に無です。本当に何もない空っぽの世界です。ヘーゲルはこの点に関しては宣教師たちの伝える無を採用していません。ヘーゲルにとってあくまでも無は論理学的なものです。しかしヘーゲルは無に始まり、無に帰るという形式的にはヨーロッパで広く共有されていた古い仏教の言説に従っています。一方、無の内容については同時代の学問的言説を用いています。こうしてみると当時、形而上学的無を目指すと思われていたこと、そしてそれをヘーゲルは利用して意味をズラしていることが分かります。結果として、当時流布していた仏教とも本来の仏教とも異なるヘーゲルの仏教が浮かび上がってきます。

　ここではヘーゲルが当たり前のように仏教とは虚無の信仰であるとしていた前提を疑うことで、逆にヘーゲルの独自性を見つけることができました。こうした検証は大変な作業ですが、知的な興奮を味わえる瞬間もあります。あるいは目から鱗が落ちる思いがすることになります。これが世界の読み換え、革命ということになります。

コラム：一次資料と二次資料

　これまでの「〈語の意味〉を疑ってみよう」と「〈論理の構造〉を疑ってみよう」を体験して気づいたことがあるのではないでしょうか。これまでも折にふれて指摘してきたことですが、「あれっ？」という問いから始まるクリティカル・リーディングは、検証の段階に至って、テキスト以外の文献が必要になってくるということです。

　この検証の流れでテキストにした文献のことを一次資料と呼ぶことができます。厳密に一次資料といえば、作者が決定版とした版となります。全集であっても、そこに編者の思想が入り込んでいるので、作者の意図

と異なっている場合があります。しかし現実には、研究者やみなさんがいつでも作者が決定版としたものや原稿を参照できるかといえば、それは無理なので、全集本を論文の底本として使用することになります。そのため人文科学の多くの場合、全集本は一次資料に含めています。

　これに対し、検証に用いた参考文献は、二次資料と呼ぶことができます。たとえば折口の「天皇霊」を理解するには、「まなあ」を最初に用いたコドリントンの『メラネシア人』が必要でした。ヘーゲルの「仏教」の場合は、その当時の仏教について言及した学者たちの記述です。ここに共通するのは、いずれも同時代の資料、あるいはそれに準ずる資料に当たっているということです。一方、「百姓」を検討した時には、関山直太郎が作った統計が重要な文献でした。二次資料は、同時代の資料や後世の研究書、あるいは現代の研究書や評論など幅広く含まれます。

　ところで領域によって一次資料と二次資料の内容が異なるという例を一つ。図書館では書籍も論文も一次資料と呼びます。それに対し、書誌、研究目録などどの本に何が書かれているかを検索する本を二次資料と呼びます。一般に図書館一階のレファレンス・コーナーに置いてある本が二次資料ということになります。

第 5 章
理論の罠にはまるな

さて、みなさんどうでしょうか。「あれっ？」というものを見つけて、それを深めるということがどういうことか分かってきたでしょうか。でもクリティカル・リーディングはこれで終わりではないのです。これはまだ出発点から数歩、歩き出したにすぎないのです。「ええ〜」と嘆息しないでください。これからが大切なのです。

　私たちは「あれっ？」というものを見つけました。それをさまざまな文献で調べ、常識だと思っていたこと、あるいは真理だと思っていたものが実は単なる約束事であったり、最近になって誰もがそう思い込むようになったことを浮き彫りにすることができました。これだけでも相当の時間と資料の読み込みが必要だったでしょう。そしてもしこれだけでレポートや論文を書いてもそれなりの評価は得られると思います。それだけ地道で綿密な調査をしたのですから。でも、これだけではダメなのです。これではまだ「調べ学習」の域を出ていないのです。「そんな！」といわれるかもしれません。「これだけやってもダメなのですか」という声が聞こえてきそうですが、ダメなのです。大学院生の論文や発表を読んだり、聞いたりしていても、この段階で終わっているものは実はたくさんあります。むしろインターネットが発達し、世界中の情報に簡単にアクセスできるようになったがゆえに、たくさんの例を見つけ出すことが容易になり、それだけで満足して終わってしまうようになってしまったのかもしれません。でもクリティカル・リーディング的な「問い」を立てるのは、用例や論理の検証を目的にしているわけではないと思います。そこをさらに一歩進める必要があります。

　第三段階があるのです。「あれっ？」と思った引っかかりから始まり、問いを立てる第一段階、それを検証する第二段階、そして第三段階がやってきます。ここで問題になるのは、「あれっ？」と思って検証して、作者なりテキストなりの特異性を浮き彫りにした後、たとえば「どうしてこの作者やテキストは、このような特異な語の用い方をしたり、不思議な論理の展開をしたりするのだろうか」という論を展開することです。つまり特異性を支えている何かの文脈を見出さなくてはならないのです。たとえば、「百姓」は農民でないことは分かったが、「百姓」は農民であ

るという方程式ができ上がるのはいつ頃で、何がきっかけなのかということを考え、それを生み出したイデオロギーは何なのかを考えてみたりします。

「天皇霊」であれば、折口はなぜ、天皇霊などというものを考えなければならなかったのでしょうか。このことで折口は日本の古代人のどのような心性を浮き彫りにしようとしたのか。あるいはこうした漂泊神の考えを生み出した当時のイデオロギーは何だったのだろうかなどです。

論を支える型の種類は沢山あります。たとえば構造主義的読解、マルクス主義的読解、精神分析的読解、脱構築的読解、歴史主義的読解……。このなかには私が得意とする型もあれば、あまり得意でない型もあります。私の得意な型だけを紹介しても情報として偏ったものになってしまいますし、多くの研究者は、どれか一つというのではなく、複数の要素を組み合わせて考えたりしていますので、ここではこうした型をいちいち説明しません。その代わり私が大学で担当しているアカデミック・スキルズや人文科学特論で大学生たちが展開した議論を紹介していきたいと思います。批評理論や文学理論といったものに興味がある人は、さまざまな批評の型を説明した本もたくさん出ていますので、そうした本を参照して見てください。

ところで大学生にありがちなことなのですが、こうした型にとらわれてしまって、かえって読みの可能性を狭めてしまうという事態が起こります。それは「最初に型ありき」で、現象をある特定の型に当てはめて事足れり、としてしまうことです。これは一歩間違うと読み方を非常に貧困なものにしてしまう可能性があります。まずはそうした例を紹介したいと思います。

1 幻想小説のためらい

　みなさんは泉鏡花[41]という作家を知っていますか。明治6年、金沢に生まれ、昭和14年に亡くなっています。尾崎紅葉[42]に師事し、江戸文芸の伝統と西洋のロマンティシズムが融合した独特の文学世界を作り上げました。代表作には『高野聖』『歌行燈』『婦系図』などがあります。このうち今回は最も有名であるといっても過言ではない『高野聖』を取り上げてみたいと思います。

　『高野聖』ですが、まず簡単な物語の内容を説明しましょう。これは主人公の「私」が若狭へ帰省する汽車の中で知り合った一人の高野聖から聞いた一種の幻想譚です。小説の最後で名前を宗朝と明かされる高野聖が若かった頃、飛騨の山越えをした時の話です。いけすかない富山の薬売りが危険な峠道を選んでいったので、それを忠告しようと彼を追っていきます。途中、蛇に出くわしたり、山蛭が降ってくる森を抜けたりして、森の奥に一件のあばら屋を発見します。そこには一人の白痴の少年と艶容な女性が住んでいました。彼女は高野聖の怪我を裏の滝の落ちるせせらぎで癒やし、汚れを落としてくれるのですが、女性はいつのまにか全裸になっていて、あたかも僧を誘惑するかのようです。女に猿や蝙蝠がまといつくが、それを邪険にしながら女は僧と一緒に家まで戻ってきます。僧は一晩中、鳥や獣の鳴き声が家の周りでして、騒いでいるので、一心に経文を唱えて夜を過ごします。翌朝、僧は女の家を辞し、里へと下りていくが、還俗して女と暮らす誘惑に駆られ、戻って行こうとすると、女の家に出入りしている親仁と出くわし、女の秘密を聞くことになります。それは女には幼い頃から妖力を持っており、女と関係を持った男たちを獣に変えてしまうというのです。昨日、この親仁が里に

---

[41] 泉鏡花（1873–1939）　日本の小説家。江戸文芸の影響を強く受けた怪異譚、近代的な幻想文学を著す。『夜行巡査』、『高野聖』、『草迷宮』等。

[42] 尾崎紅葉（1868–1903）　日本の小説家。幸田露伴と並び称せられ、明治文壇の重鎮。『多情多恨』、『金色夜叉』等。

売りに連れて行った馬はあのいけすかない富山の薬売りであったことも明かされます。僧はそのまま里のほうに下りていくことになって、この物語は終わります。

　一般に『高野聖』は泉鏡花の代表的な幻想小説と言われています。ところで私の授業を履修していた学生Ｔ君が『高野聖』について発表した原稿を見てみましょう。

ケース１

　本日、私が取り上げようと思っているのは、泉鏡花の『高野聖』です。『高野聖』は、彼の代表作で、一種の怪奇趣味の作品です。私はこの作品を日本独自に発達した怪奇譚として捉えるのではなく、文学ジャンルの一つである幻想文学のプロトタイプに当てはまることを論証しようと考えています。

　『高野聖』は、話者が旅で知り合った僧、高野聖ですが、その僧から若いときに経験した超自然的な出来事を聞くというものです。トドロフによれば、「幻想とは、自然の法則しか知らぬ者が、超自然と思える出来事に直面して感じる『ためらい』のことなのである」と定義されています。『高野聖』はどうでしょうか。するとこの作品の始まりは高野聖が信州に抜けていく行為、これは特段、不思議なことでもなんでもありません。疲労困憊でたどり着いた山中の一軒家で美人の女性に出会うことになります。この出会いも不自然な感じはしますが、幻想とは言い切れないと思います。しかし例えば、信州への近道と思われる山道を取るか、遠回りになりそうな里の道を取るかで「ためらい」、山中の道でも道を横切るように横たわっている蛇をまたいでいくかどうか「ためらい」、最後の場面では美しい女性のもとに戻るかどうか「ためらっている」ように、全編のいたるところに「ためらい」のテーマが散りばめられていて、これが幻想文学への導入となっています。

　また『高野聖』で重要なテーマになっているのは「変身」です。たとえば山家の美女が僧の体を洗う滝口で彼女に抱きつこうとし

た蝙蝠や猿を振り払う場面ですが、不思議なことに人間に語りかけるように振り払っています。そしてやがて美女の素性を知っている馬追いの男性からこの不思議な光景の真実を知らされます。「嬢様は如意自在、男はより取つて、飽けば、息をかけて獣にするわ、殊に其の洪水以来、山を穿つたこの流は天道様がお授けの、男を誘ふ怪しの水、生命を取られぬものはないのぢや。」つまりこの美女は好みの男がやってくると不思議な力のある滝の水を使って誘惑し、飽きるとそれを猿や蝙蝠や蛙などの生き物に変身させてしまうというのです。彼女にまつわりついてきたのは、そうして変身させられた男たちだったわけです。

　美女が妖術を使うというのも重要な要素です。いわば彼女は超自然的な存在として存在し続け、人間、ここでは男たちの運命を支配していることになります。

　トドロフの『幻想文学論序説』で、幻想文学に共通するテーマとして「私」のテーマが挙げられています。トドロフによると、この「私」のテーマには含まれているものは大きく分けて二つあります。一つは「『変身』のテーマ・グループ」です。これは先ほど述べた通りです。『高野聖』でもこの変身の要素は物語の重要な要素となっていることはおわかりだと思います。ちなみにこの高野聖は、僧であったがゆえに獣の姿に変えられなくてすみます。もう一つは「魔神、姫＝魔女といった超自然的存在、ならびに、彼らが人間の運命におよぼす影響力にかかわるもの」です。こうした存在は「人間にくらべてはるかに力のある超自然的存在が出現するという、幻想文学における恒常的要素の一つ」なのです。この「魔神、姫＝魔女」にあたるのが、山家で白痴と暮らし、高野聖を誘惑するあの美女であることはいうまでもありません。

　またこの高野聖が、美女の誘惑する場面も幻想文学の要素として考えられるのではないかと思います。滝で行水をする場面です。ここでは高野聖は僧としてではなく、男性として誘惑と戦っています。あるいは高野聖が眠りにつこうとするとき、奇怪な雰囲気が流れ、

牛がいななき、鳥が飛び、蛙が鳴き、獣がうなる声がして、それから女の声がする場面。これらはおそらくトドロフの「『あなた』のテーマ」に属すると思われます。このテーマ系は「女性に対する［……］強烈な、しかし『正常』な愛ばかりでなく、性的欲望のさまざまな変形」といったセクシャルなもののことです。『高野聖』の今指摘した場面は、このトドロフの「あなた」のテーマ系の定義に当てはまることだと思います。高野聖が僧侶という聖職者で、女性との交わりを宗教的に禁じられていたにもかかわらず、女性の誘惑と戦うというのは、まさに禁断の恋、背徳的な行為で、トドロフがまさに指摘している通りです。

　結論に入りたいと思います。こうして見てみると、『高野聖』は、江戸文芸の伝統であった奇怪譚というよりも西洋的な幻想文学に該当すると断定してよいと思われます。というよりもここから幻想文学を成立させているトドロフの提唱しているプロトタイプにぴたりと当てはまるものだと言えます。そこからトドロフの唱える幻想文学もヨーロッパという限られた空間で作られた文学に限らず、世界中の文学に当てはめることのできる、普遍的な法則といえると思います。そのことはこうして『高野聖』という日本の明治時代の作品にもきちんとあてはまることが証明してくれているでしょう。以上で私の発表を終わりにします。ご静聴、ありがとうございました。

　このＴ君の発表はどうでしょうか。一読して分かるように、Ｔ君はツヴェタン・トドロフ[43]の『幻想文学論序説』（三好郁朗訳）を下敷きにしています。そして幻想文学という枠組み、あるいはジャンルをまず策定し、それに『高野聖』を当てはめてみて、問題がなければこの作品は幻想文学であり、当てはまらなければ幻想文学ではないと論証できると考

43　ツヴェタン・トドロフ（1939–　）ブルガリア出身の思想家、哲学者、作家。ロラン・バルトに師事し、ロシア・フォルマリズムを導入した構造主義的な文学研究を展開。『小説の記号学』、『象徴の理論』等。

えて、論を構成しています。トドロフはフランスの批評家で、構造主義をフランスで広めたロラン・バルト[44]の弟子です。当初のトドロフの批評は構造主義そのものといってよく、文学作品に共通して見られる基本的な構造を構築することに主眼がありました。そしてこの『幻想文学論序説』も、幻想文学といわれる文学作品に共通して見られる基本構造を浮き彫りにするものです。

　この本はまずカナダの批評家で、構造主義の創始者の一人、ノースロップ・フライ[45]の『批評の解剖』をもとにしたジャンルに関する批判的な論述から始まっています。しかしトドロフの幻想の定義は、物語の構造をなす具体的なパーツを見つけ出すことではないとされています。トドロフによれば、幻想小説は「たしかにわれわれのものである世界、悪魔も空気の精も吸血鬼もいない、われわれのよく知っている世界、そこで、ある出来事が起こる」ことから生じるとされています。その出来事は「馴れ親しんだこの世界の法則では説明がつかない」ものです。「そうした出来事に遭遇した者は、考えられる二つの解釈のいずれかを選ぶほかないだろう。すべてを五感の幻覚、想像力の産物とするか。それならこの世界の法則は手つかずに残る。あるいは、出来事は本当に起こったのであって、現実の一部をなしていると考えるか。そうすると、この現実はわれわれの知らない法則で支配されていることになる」。しかしこの選択肢のうちどちらかを選んでしまうと「幻想を離れて『怪奇』あるいは『驚異』という隣接のジャンルに入り込むことになる」のです。そこでトドロフは「幻想とは、自然の法則しか知らぬ者が、超自然と思える出来事に直面して感じる『ためらい』のことである」と定義しています。

　要するに幻想文学は妖精や霊や怪獣といったものが出てくるから幻想文学なのではないのです。このことをやはりフランスの文学者ステン

44　ロラン・バルト（1915–1980）　フランスの哲学者、批評家。コレージュ・ド・フランス教授。現代まで大きな影響を与えているのが、「作者の死」という概念。『物語の構造分析』、『神話作用』、『零度のエクリチュール』、『明るい部屋』等。
45　ノースロップ・フライ（1912–1991）　カナダの文芸評論家。『批評の解剖』によって文学理論を一新した。

メッツ[46]が見事に要約しています。「この方法の長所に数えられるべきなのは、『幻想』が受容のされ方によって定義されていることである。『幻想』といえるかどうかは、明らかに超自然といえる出来事が存在するかどうかよりも、読者なり、登場人物なりがそれをどう感じるかにかかっているのである」(『幻想文学』中島さおり訳)。

ところでこの点でＴ君は「ためらい」を勘違いしています。トドロフの訳書の「ためらい」は目の前で起こっていることを現実のものとして認めることのためらいであって、選択の迷いではないはずです。しかしＴ君は選択の迷いと捉えています。誤った理解のままにＴ君はトドロフの理論を用いています。

またＴ君は、この『幻想文学論序説』で書かれている「『私』のテーマ」と「『あなた』のテーマ」にとらわれてしまって、トドロフやステンメッツが否定している幻想小説を成り立たせる個々の要素の発見に向かっています。「私」のテーマとは、自身が何か日常のものではないものに変化したり、超自然な力を有してしまったりすることです。一方、「あなた」のテーマは主人公が遭遇する魔的な存在に対する感情が問題になるとされています。これにとらわれてこの二つのテーマに『高野聖』を当てはめようとしています。

『高野聖』では、山中の美女に男が誘惑され、飽きられると蟾蜍や蝙蝠、馬などに姿を変えさせられてしまうこと、妖力を持った美女が登場し、この美女が人間を人間以外の生き物に変えてしまうといういわば人間の運命を左右する権利を持っていることが、「私」のテーマに当てはまるとしています。また僧侶の山中の美女に対する愛、あるいは性的欲望が「あなた」のテーマです。高野聖は僧侶であるので、女犯の禁があり、女性への欲望が禁じられているにもかかわらず、欲望を抱いてしまうという正常でない愛、倒錯的な愛がテーマに合うと考えたわけです。

46　ジャン＝リュック・ステンメッツ（1940–　）　フランスの文学研究家、評論家、詩人。ナント大学名誉教授。『マラルメ伝』、『アルチュール・ランボー伝』等。

第5章　理論の罠にはまるな　　125

◉T君の問題点

　T君の問題点は正確にトドロフを理解していないことがまず挙げられますが、それ以上にトドロフから幻想小説の法則を抽出し、それに『高野聖』を当てはめ、幻想小説であると結論づけた点に大きな問題があると思います。そのためか「問い」と「結論」が対応せず、ちぐはぐな関係になっています。こうしたことはみなさんにも多かれ少なかれ経験があることなのではないでしょうか。非常に有効な理論があり、その理論に現象を当てはめてみる、なるほど一見したところ、それは科学的な態度に見えるかもしれません。数学であれば、ある公式にいろいろな数字を当てはめ、すべてそれらが真であることを証明できたら、真理として間違いないと考えられるでしょう。まったくその通りです。T君の場合、トドロフの公式を持ってきて、それが正しいとして、そこに『高野聖』を当てはめてみる。当てはめてみて、『高野聖』はなるほど公式通り幻想小説でした、という結論です。いや、正確にいうとトドロフの理論は真でしたという結論です。

　ここで問題になるのは、読み方の態度だと思います。トドロフの公式を持ってきて、それを『高野聖』に当てはめてみる。ここにクリティカルな態度が見えてくるでしょうか。私たちは、この本を通じて、「読んでいて気になったところを見つけましょう」という態度を取るように勧めてきました。それは語句を問題にしたり、また話の運び方、つまり論理を自分の問題として考えることでした。T君独自の読み方、独創性がこの発表にはあるでしょうか。T君の発表のフレームを作ったのはトドロフです。極端なことをいえば、T君はトドロフの公式に『高野聖』を当てはめただけなのです。

　もしT君が『高野聖』を読んで、気になったところがあって、それを分析し、一つの法則を見つけたのであれば、それは有効です。しかしトドロフの理論が先にあって、そこにトドロフは扱わなかった日本の小説を当てはめてみると、トドロフの公式が有効だった、では新たな読みの可能性を見出したとはいえないでしょう。なるほどトドロフの扱わなかった日本の小説『高野聖』を当てはめてみた点に、自分の論の新規性

があるという主張があるかもしれません。ですが、論自体はトドロフのものですから、トドロフ自身が主張するのなら、それは新規性なり、日本の小説にまで拡大できる普遍性なりを認めることはできるでしょう。ですが、もしこれをＴ君が言ったとなれば、ここにＴ君の独創性は見出せず、トドロフの正しさのみが際だつだけです。

　独創性は、やはり読んだ人が独自に不思議に思ったこと、変だなと思ったところから出発して作り上げなくてはなりません。そこは誰の問題でもない、自分の問題であるという独創的な地点なのですから。

2 悲劇は合理的選択

　もう一つ、同じような例を見てみましょう。これは歴史好きな経済学部のＳ君の書いたレポートです。

ケース2

　幕末、明治新政府によって総攻撃された会津藩の悲劇は何に原因があったかということを明らかにすることが本論の目的である。幕末、会津藩主松平容保が幕府から京都守護職を拝命したことが、最終的に戊申戦争によって完膚無きまで攻撃されることの遠因であることは歴史が教えてくれることである。この悲劇を題材にした小説に早乙女貢の『會津士魂』がある。今回はこの『會津士魂』をもとにこの悲劇の原因を論じていく。『會津士魂』は、最初、会津藩家老西郷頼母ら国元の主立った重役たちが、幕府からの京都守護職の命を固辞すべきだという場面から始まる。幕命を受ければ、藩財政を著しく圧迫することは明らかであり、また国内外が不穏な時にこのような職を拝命した場合、なんらかの抗争に巻き込まれるおそれがあり、そのことによって藩そのものが壊滅してしまう危険があったからである。そして西郷頼母らは江戸屋敷にいる藩主松平容保に

固辞するよう諫言しに行く。西郷が江戸に着いた時、すでに容保は幕命を受けてしまっていたにもかかわらず、西郷は辞退すべしと迫り、かえって藩主の不興を買ってしまうことになる。最終的に、会津藩は京都守護職を担うことになり、京の治安維持のために長州などの攘夷派を取り締まったことが、その後、新政府軍の攻撃の的になってしまう原因を生み出していくのである。

なぜ会津藩は幕命を固辞することができなかったかを経済学者のコーンやウィリアムソンによって展開された取引コスト理論を用いて分析する。この取引コスト理論に会津藩のこの時の選択を当てはめてみると、一見、不合理に見える京都守護職拝命という選択も、合理的な選択ということになってくる。

取引コスト理論は、エージェンシー理論、所有権理論とともに新制度派経済学を構成する理論のうちの1つだ。組織の経済学とも呼ばれる新制度派経済学は、組織を経済的に分析する学問である。特徴は、限定された環境でいかに合理的選択を行うかを分析するもの（限定合理性）であり、その制限された環境で人間は最大限の効果を得る行為を行おうとする。また人間は限られた環境の中で、情報を収集し、処理し、そして相手と取引することになるため、その限られた環境の形勢に応じて機会主義的に行動することになる。いうなれば取引に際して、相手をだましてでも利益を得ようとすることが起こる。それゆえ、相互に騙されないように互いに駆け引きが起こり、そのためのコストが発生するようになる。これは本来の取引では生じないコスト、つまり取引上の無駄である。これを「取引コスト」と呼ぶ。具体的には、取引前に相手が信用するに足る対象なのかを調査したり、取引後に相手が信頼関係を損なわないかを監視したりするコストはいうまでもなく、数字には表れない取引交渉での人間関係のコストなども含まれる。取引コストが生じる場合、限られた情報の中で交渉し、そこで判断された合理性が、社会全体が認めるような合理性と一致しない不条理な現象が現れることがある。つまり取引を行っている当事者間ではきわめて合理的で効率的な選

択であるが、それが限定された情報しか持たないが故に当事者でない第三者の立場からその選択を眺めると、非合理的でさらには非倫理的な不条理な行動に映ることがある。しかしこのような当事者間でのみ合理的な不条理な行動も取引コスト理論によれば、合理的選択なのである。これを推し進めると、非合理的であると当事者がわかっていたとしても、変化するには莫大なコストが発生するために、容易に移行できず、現状に留まろうと合理的に判断してしまうこともおこるのである。

　幕府から京都守護職に就くことを内々に打診され、最終的には拝命してしまう会津藩と幕府とのあいだという制限された当事者間で取引コストが発生したといえる。会津藩は明らかに京都守護職を拝命した場合、藩を経営していくことが困難になることがわかっていた。だから西郷頼母ら藩運営に携わっていた重役たちはこぞって反対したのだ。いわば西郷ら重役は当事者ではなかったのだ。しかし藩主松平容保は幕府とのあいだに発生するであろう取引コスト、すなわち幕閣と交渉するための人間関係のコスト、一度引き受けてしまったものを辞退することによる幕閣から不信の念を抱かれることのコストを考えて拝命したことになる。松平容保は京都守護職を拝命することで藩経営を危機に陥れる可能性よりも、辞退することで生じるコストの方が重大と判断したのだ。藩主松平容保が京都守護職を拝命したのは、幕府が永遠に続くという前提で、幕府との信頼関係を維持した方が最終的なコストとしては安くつくと考えたからなのである。結局、会津藩という組織としては不合理な選択をしたことになるが、藩主と幕府のあいだには限定的ではあるが、合理的なコスト計算があって、選択されたことになる。

　以上、通常、取引コスト理論は歴史上の出来事には当てはめるものではないが、このように歴史的事実に当てはめることも可能であり、そうすると不条理と思える選択も、当事者にとっては合理的であることが証明されるのである。

このレポートの特徴は、「取引コスト理論」なる経済学の理論を人文科学領域に当てはめている点です。確かに異領域の理論を持っていき、当てはめて論じるということは、よく見られることです。たとえばフランスの社会学者ピエール・ブルデュー[47]は、写実主義の作家、フローベール[48]の『感情教育』を自分の作り上げた社会学理論で論じていますし、解剖学者の養老孟司[49]は、文学作品を身体の観点から分析しています。異領域の理論でもって分析すること自体は、あり得ないことではありませんし、非難されるべき問題ではありません。むしろそれまで考えつかなかったような観点を提供してくれるという点で、テキストの新しい側面を開拓してくれるものになります。そうしたことを踏まえて、S君のレポートを考えてみましょう。

◉S君の問題点

　このS君のレポートは「取引コスト理論」なる経済学の理論を下敷きにしていることは先ほど述べました。この理論に幕末の会津藩の選択を当てはめてみると、当てはまったということが主題です。ですがこの場合もいくつかの点で問題があると思います。

　やはり大きな問題点は、「取引コスト理論」です。『高野聖』を論じたT君のように「はじめに理論ありき」という考え方がここでも見られます。実は「取引コスト理論」を歴史現象に当てはめた例はすでにあるのです。ここでは掲載しませんが、S君の参考文献表では、菊澤研宗[50]の『企業の不条理』、『組織の不条理』が挙げてありました。このうち『組織の不条理』は、第二次世界大戦の時の日本軍の不条理な作戦行動を「取

---

[47]　ピエール・ブルデュー（1930–2002）　フランスの社会学者。コレージュ・ド・フランス名誉教授。文化資本、ハビトゥスなどの概念を生み出した。『ディスタンクシオン』、『芸術の規則』等。
[48]　ギュスタブ・フローベール（1821–1880）　フランスの小説家。写実主義を確立。『ボヴァリー夫人』、『感情教育』等。
[49]　養老孟司（1937–　）　日本の解剖学者。東京大学名誉教授。専門は解剖学。『唯脳論』、『身体の文学史』、『バカの壁』等。
[50]　菊澤研宗（1957–　）　日本の経営学者。慶應義塾大学教授。新制度派経済学が専門。『組織の経済学入門』、『組織の不条理』等。

引コスト理論」で分析したものです。S君のレポートは、第二次世界大戦の日本軍を幕末の会津藩に置き換えたものでしかないことになります。ブルデューも社会学の理論に『感情教育』を当てはめて分析したといいましたが、S君と決定的に異なるのは、ブルデューの用いた理論というものが、彼独自のものであるということです。借り物ではなく、オリジナルという点です。S君の場合、そうではないことは一目瞭然でしょう。

　さらに大きな問題としてあるのは、早乙女貢[51]の『會津士魂』がテキストなのですが、テキストの分析にはまったくなっていません。どうやらS君は歴史小説に書かれたことと歴史的事実を混同しているようです。確かに歴史小説は歴史事実に基づいて書かれたものですが、史実通りとは限りません。むしろ残された資料を突き詰めていくと、矛盾や空白が生じてしまうことがあります。そうしたところを埋めるのが文学の想像力で、その制限された事実の枠組みのなかで想像力を働かせていくのが作家の才能です。そのため史実にはないエピソードが入ってきたり、史実を解釈し、価値判断したりすることになります。たとえば早乙女貢が会津藩を題材にすれば会津側に立った解釈で小説は書かれることになるでしょうし、司馬遼太郎が長州藩を題材にすれば長州側に立った解釈になります。ですから同じ蛤御門の変を扱った小説でも立場によって180度異なるものになってしまうことになりかねません。しかしそれが小説です。その上であくまでも文学作品として分析しなければならないのです。小説を事実として分析することはできません。ですがここでは史実と小説を混同しています。あたかも歴史史料のように扱ってしまっています。その点で大きな取り違えをしてしまったといえるでしょう。

---

[51] 早乙女貢（1926–2008）　日本の歴史・時代小説作家。『會津士魂』、『北条早雲』等。

3 理論を作る

　テキストを読むということは、既存の理論にテキストを当てはめて読むのではなく、テキストから自分の力で構造を浮かび上がらせることなのです。既存の理論を使えば確かに容易にテキストを読解できるかもしれません。しかしそれではテキストと本当に向かい合ったとはいえないでしょう。テキストと向かい合うことはそうした意味では、決して安易なことではないのです。

　テキストの読み方というものには決まったルールはありません。テキストと真摯に向かい合って読むしかないのです。こういったほうがよければテキスト毎に読み方が決まってくるのであり、また読み手それぞれによって読み方が決まってくるのです。だからテキスト毎に読み方が異なっても不思議なことはありませんし、読み手毎に読み方が異なることがあるというのは、ましていわんや、です。

　ただ誤解してもらいたくないのは、では今ある文学理論や批評理論といったものは誤りであるとか、存在価値がないというわけではありません。クリティカル・リーディングを発展させ、論文を執筆しようとすると、こうした文学理論や批評理論のフレームを援用することになってきますし、それは自分の論や論証の仕方の正しさを保証してくれるものになってくれます。

　しかし文学理論や批評理論にとらわれるよりも、テキストを読み込み、自分の問題意識から何かの理論を作り出すことのほうが重要です。ここで演繹と帰納を思い出してください。演繹は、全体である前提から個々の現象の論理的な正しさを導き出すものでした。一方、帰納は個から全体を導き出すものです。T君やS君の読解の仕方は、どちらかというと演繹的な思考ということができませんか。最初に文学作品全体に適用できるような理論、あるいは歴史現象にもできるような理論があって、それに個々の現象を当てはめてみるという思考法です。しかしこれは極端

なことをいうと、すべての現象をたった一つの原理に還元しようとしてしまいます。

　しかし人文科学系のテキストをクリティカル・リーディングする場合では、むしろ異分野の複数のテキストから共通するものを見出したり、テキストの個々のエピソードからそのテキストと同時代のものに共通するものを発見したりする帰納法的な発想のほうが創造的なものにつながっていく可能性が高いのです。もちろん演繹的な発想が全くダメというわけではないことは、前述の通りです。

　どちらの発想法も長短があります。帰納は飛躍を生み出し、演繹的な思考は、読みを限定して、極端な場合、決定論的なものになりかねないですが、これらを上手に組み合わせて、読み手独自の読みを作っていくようにしましょう。

ポイント
　テキストを理論に当てはめるのではなく、テキストから理論を浮かび上がらせる！

第5章　理論の罠にはまるな

第6章

問いを発展させる

1 構造を浮き彫りにする
──フローベール『感情教育』の場合

　ここからは、実際に授業で、テキストがどのように読まれたかということの実例を出してみましょう。これから挙げる例のほとんどは私の授業で学生たちが議論しながら作り出したものです。そういう点ではこの本を読んでいるみなさんとあまり変わりはない同世代の人たちが登場します。そうしたみなさんと同じような環境にいる学生がどうやってテキストを読んでいったかをみていってください。

　最初は大学の「人文科学特論」という授業で、フランスの作家、ギュスタヴ・フローベールが書いた『感情教育』という作品を扱った時の議論です。フローベールは19世紀、パリから西にセーヌ川を下っていったところのルーアンの医者の息子として生まれました。やがて作家を志し、神話や「聖書」に着想を得た作品を書いていきますが、彼は何といっても文学史的には写実主義の作家として知られています。代表作は『ボヴァリー夫人』や『感情教育』です。写実主義というのは、英雄や超人的な登場人物、そしてドラマチックな話の展開といった要素は見られず、日頃、よく目にする状況や街角で見かける平凡な人物が主人公であり、日常的な状況で物語が展開されることに特徴があります。そこで起きる事件は、非現実的なことではなく、新聞などで見かける殺人事件や事故などになります。何だ、そんなことか、というかもしれませんが、それ以前の物語は特殊な主人公が非日常的な環境の中におかれるほうが圧倒的に多かったことを考えれば、日常を題材にすることはある意味で革新的なことだったのです。

　『感情教育』も等身大の大学生が主人公です。地方の出身でパリ大学の法学部に受かったので、上京してきた青年フレデリックが、たまたま出会った新興の実業家、アルヌーの妻に恋をするというものです。途中、1848年に二月革命が勃発したりしますが、たとえばユゴー[52]の『レ・ミ

52　ヴィクトル・ユゴー（1802–1885）　フランスの詩人、小説家、政治家。フランスのロマン主義を大成。『エルナニ』、『レ・ミゼラブル』、『死刑囚最後の日』等。

ゼラブル』のような波瀾万丈の話は展開されません。むしろフレデリックのアルヌー夫人への恋情とそれを拒絶するアルヌー夫人のやりとりが淡々と語られるのみです。

　授業当日、「この小説を読んでどんな印象を持ちましたか」と質問したところ、学生たちは困ったような顔をして発言をしません。さらに発言を促してみると、何人かの学生から「書いてあることがよく分からない」「つまらない」という反応があがりました。

　そのなかで一人の学生がいった言葉に立ち止まることにしました。
「なんだかこの小説はもどかしい。隔靴掻痒的な気分になります」
というものでした。一体、何がもどかしいのか、さらに聞いてみると、
「それがどうもよく分からないのです。だからなんかこう、すっきりしないんですよね」
といいました。しかしこの「もどかしい」をきっかけに少し、議論が進みました。どうも多くの学生はすっきりしない、もどかしいという印象を持ったようです。テンポよく話が進むわけでもなく、ドラマチックな展開もなく、推理小説のような謎解きがあるでもなく、かといってすでに150年近く前のものですので、自分たちの同時代の小説として共感するところも見出せず……。
「ではこのなかでとにかくみんなと共感できないところは何だろう」
と問いかけました。するとしばらくしてからA君が
「フレデリックのアルヌー夫人への態度が納得いかないのですが」
と発言しました。この発言はクラス中に共感を呼んだらしく、多くの学生が賛意を示しました。
「ではどんな態度が納得いかないのか」
という問いに対しては、多くの学生は
「そんなにアルヌー夫人を好きなら、もっとはっきりとした態度を取ればよいのに、何だか、まどろっこしい」
というものでした。これは男子学生の方からでしたが、女子学生の方からもアルヌー夫人のフレデリックへの態度も
「本当はフレデリックを愛しているなら、フレデリックを受け入れれば

いいのにそれをしないし、逆に夫のアルヌーに対して倫理的なものを感じるのであれば、フレデリックを完全に拒絶して会わないようにすればいいのに、中途半端に会ってしまって、まるでフレデリックを弄んでいるようです」
というものでした。

　学生にさらに「では、どの場面でそれを感じますか」と聞くと二つの場面に集約されました。それは次のような場面です。

　一つは、ちょうど1848年、二月革命が勃発した日、主人公のフレデリックは自分の部屋にアルヌー夫人が来てくれることになり、革命の喧噪などお構いなしにそわそわ夫人を待つ場面です。これより数日前、二人は次のようなやりとりをしています。

　「今度の火曜日、いいでしょう？」
　「火曜日？」
　「ええ、二時と三時の間に」
　「まいりますわ」
　　そうこたえて、彼女は恥ずかしそうに、顔をそむけた。フレデリックはその首筋に唇をおしあてた。
　「いけません」彼女はいった。「あたしきっと後悔しそう——」
　　彼は、女の常の気変りを恐れて、席を立った。そして、部屋の入り口のところから、もうすっかり約束のできたことを確かめるように、
　「じゃ、火曜日」
　　夫人はつつましく、あきらめたようなふうに美しい眼をふせた。
　　　　　　　　　　　　　フローベール『感情教育』（生島遼一訳）

　こうしてフレデリックは、とうとうアルヌー夫人と外で二人きりで会う約束を取りつけたのです。しかし夫人はついに現れませんでした。一方、アルヌー夫人のほうは約束の前日の夜に自分の子供が熱を出してしまいます。子供を看病しているうちに次のような気持ちが湧きます。

突然、フレデリックのことが、はっきり、厳正な気持ちで、心に浮かんだ。これは神のおさとしであったのだ。主は憐憫(れんびん)の心から、彼女を打ちのめすまでお罰しにはならなかった。もしこの恋にいつまでも執着したら、この先、どんな償いをしなければならないだろうか？　きっと、子供は母の罪のために世間からあなどられるだろう。アルヌー夫人は青年となった子供が人との争いで傷つけられ、瀕死の姿で担架に運ばれてくるようすを心に描いた。と、一飛びに小さな椅子の上に身を投げかけて、力のありたけをこめて、魂を高く天にかけらせ、このただ一度の心のゆるみ、生まれて初めての恋を燔祭(はんさい)の犠牲(いけにえ)にささげるように、神にささげた。

　　　　　　　　　　　　　　　　　　　　　フローベール前掲書

　自分の家族を裏切る気持ちに気づいて、子供が熱にうなされているのは神の罰なのだ、と思い込んで、自分の初めての感情を抑圧する決心をするのです。

　もう一つの場面は事情があって、会うこともなくなっていたフレデリックとアルヌー夫人が再会を果たす場面です。アルヌーの家を訪ねていくと、アルヌーは留守で夫人だけがいます。昔話をしていくうちに二人の気持ちは高まっていきます。

　　情に動かされてすすり泣きながら夫人はすっくと立ち上がった。両腕がひらいた。二人は立ったまま、長い接吻に、抱きしめあった。
　　床板のきしむ音がした。一人の女がすぐそばにきている。ロザネットだ。アルヌー夫人はすぐそれと分かった。大きく見開いた眼が、驚きと怒りをふくんでこちらをじろじろ見つめていた。ついに、ロザネットが口をひらいた。
「アルヌーさんにお話があってきました、用談で」
「ごらんのとおり、おりません」
「ああ、なるほどね、女中さんのいったとおりでした。どうも失礼」

第6章　問いを発展させる　　139

それからフレデリックの方をふり向いて、
「あんたこんなところにいたの？」
　目の前でこんななれなれしい調子を聞かされたアルヌー夫人は、顔の真ん中を平手でぶたれたような気がして赤くなった。
「主人はおりませんのよ、申し上げたとおり」
　それを聞きながしたロザネットはあちこち見わたしてから、落ちつきはらっていった。
「かえらない？　下に辻馬車を待たしてあるのよ」
　彼は聞こえぬふりをした。
「さ、いらっしゃいったら」
「えええ、いいおりよ。お帰りなさい！　お帰りなさい！」アルヌー夫人はそういった。
　二人は出ていった。夫人は階段の手すりの上からのぞき出して、あとを見送った。と、階段の上から、鋭い、心の裂けるような笑い声が二人の上に落ちかかってきた。フレデリックはロザネットを辻馬車におしこんで、真向かいに腰かけ、帰り道ひとことも口をきかなかった。

フローベール前掲書

　こちらはフレデリックがアルヌー夫人への一種のあてつけでつきあい始めたロザネットという女性が突如、再会した二人の前に現れて、二人の恋愛の完成を妨げてしまいます。
　前者は倫理、後者は第三者が現れて、二人の決定的な場面は実現されず、先送りになっています。どちらも『感情教育』を象徴する場面といってもよいでしょう。フレデリックがアルヌー夫人を捕まえようとすると、もう少しというところで、するりとそこから逃げてしまうというのが、この作品の基本的なパターンといってもよいかもしれません。
「好きなんだけれど、いやよ、いやよと逃げているパターンか、うまくいくかなと思ったところで邪魔が入るパターンかのいずれかで、通俗小説の物語の形式とあんまり変わらないんじゃない？」

と疑問を出したのはB君でしたが、確かにそうかもしれません。いずれにしても、この捕まえようとしては逃げてしまうというパターンを学生たちと話しているうちに少し議論して深めてみようということになりました。とはいっても学生たちにはこれ以上、議論を深める材料が見あたらなさそうだったので、参考文献を使って何か考えてもらうことにしました。

　翌週、学生たちの何人かは参考文献を探して、それを読んできたようでした。A君はたまたま見つけたといって、ミシェル・フーコーの「幻想の図書館」をあげて、話し始めました。
「ミシェル・フーコーの『幻想の図書館』は、『感情教育』を直接、扱ったものではありません。同じフローベールの『聖アントワーヌの誘惑』という宗教を扱った文学作品を分析したものです。でもここにヒントがあると思います。フーコーという人の本は難しくて、正直、よく分からなかったところがたくさんあったのですが、この『聖アントワーヌの誘惑』は聖と俗の対立構造が基本だということのようです。あらゆる俗性、つまり誘惑の見本市みたいなものだというのです。そしてこの『聖アントワーヌの誘惑』は『感情教育』と対になっていて、双生児のようだといっています。つまり『聖アントワーヌの誘惑』のように『感情教育』も聖性と俗性との対立構造があると思うんです」

　ここで解説を加えておくと、ミシェル・フーコーは20世紀を代表するフランスの哲学者です。彼は精神疾患の歴史を調べ、時代によって狂気というものの定義が異なっていることに気づき、正常と狂気を区別するのは、普遍的な医学的検証なのではなく、その時代の人々が共有する心性であると説くことから出発しました。「幻想の図書館」はそうしたフーコーのどちらかといえば初期から中期にかけての作品です。またフローベールの『聖アントワーヌの誘惑』は『感情教育』の執筆とは5年の開きがあるものです。フローベールは写実主義の作家として文学史に残っていますが、実は「聖書」や神話に題材をとった作品も数多く手がけています。この『聖アントワーヌの誘惑』もその一つです。アントワーヌが修行中、悪魔からのさまざまな誘惑をされ、あらぬものの幻想が目の前に

見えたりすることを描き出したものです。この目の前に表れる幻想が、まるで俗の見本市、あるいは図書館のようだとフーコーはいうのです。
　Ａ君の発言を受けて、『感情教育』の聖と俗の対立を考えてみようということになりました。最初に発言したのはＦ君でした。
「聖と俗という対立なら、フレデリックとデローリエの対立があてはまるんじゃないかな。フレデリックは比較的裕福な地方の家に生まれたけれど、リセの同窓のデローリエはどちらかというと恵まれた環境ではなく、その分、利用できるものはなんでも利用してやろうという気持ちを持っているので、社会のいろいろな階層の人と接触し、ちょっと反社会的なことにも関わったりしています。俗性ということが社会の諸相ということならデローリエこそ、俗に通じた人間ということになるのでは」
「確かにフレデリックは、デローリエに引きずり込まれるような形で、そういった俗の領域に入っていくので、彼自体は本質的におっとりしていて、社会から離れていて、そういう意味では聖といえるかも」
　こうしてしばらく『感情教育』の登場人物たちの聖と俗の振り分けの議論が続きました。しかし議論が堂々巡りに陥りかけてきた時に、再びＡ君が発言しました。
「何だか聖と俗の対立構造を探してきたけど、聖とか聖性って何ってことを一度、考える必要があるんじゃないかな。今まで、結構、曖昧なまま使っていた気がする」
　その通りです。聖性の定義が曖昧なまま議論が始まってしまいました。そのため誰が聖に属し、誰が俗に属すのかという議論になってしまって、議論が堂々巡りになってしまいました。まずは『感情教育』を議論するにあたっての「聖性」を定義すべきです。これはなにも普遍的なものでなくても大丈夫です。ここでの議論に必要な定義です。Ａ君は続けて発言しました。
「僕は『聖性』というのは、やはりヨーロッパの伝統的思考に従って考えるべきだと思います。フーコーの『幻想の図書館』ではよく分からなかったのですが、『聖なるもの』について哲学的な考察を加えてきた歴史をヨーロッパは持っていると思うんです。ヨーロッパで最も『聖なる

もの』は神で、神は人知を超えたものなので、言葉や感覚では把握できないものだと思うんです。そういうことを考えれば、聖なるものとは、人間が把握できないものとすることができると思います」

　確かにヨーロッパのユダヤ＝キリスト教的一神教では、聖なるものは人間を超えたはるか高みにあって、人知を超越したものなので、表現不可能であり、把握することも不可能なものといえます。ですから神を何らかの形象で表すことはできず、偶像を否定することになるのです。やがてキリスト教の伝統では「神とは～である」という肯定文で表現することでは、神を限定してしまうので、「神とは～ではない」という否定文で表現することで、神に近づくことができると考えられるようになりました。それでも近づくだけで、神を把握することはできないのです。この神を聖性と考えた場合、確かに聖なるものとは把握することができない、ということになります。一方、俗とは、人間社会全般ということになります。Ａ君は、このことを踏まえて、
「『感情教育』に表れている聖と俗の対立構造は、アルヌー夫人とフレデリックの対立です」
と結論づけました。なるほど聖と俗の対立があり、聖なるものは俗なるものに把握されることはないという構造を踏まえると、アルヌー夫人は聖の比喩と考えることができるでしょう。フレデリックがさまざまな形で感情を表出して、アルヌー夫人をつかまえようとしても、彼女に付された聖性という属性のせいで、アルヌー夫人はフレデリックの手から逃れていってしまうことになります。それは物語の構造上の必然とまでいえるかもしれません。アルヌー夫人は自分の聖性を喚起させるために、あたかもキリストの聖遺物のように、自分の痕跡を残していき、フレデリックはそれをもとにまたアルヌー夫人のことを考えてしまいます。この把握できない聖性について、あらゆる手段をつくして把握しようするのですが、把握しようとした瞬間に逃れていってしまうということの繰り返しになっていくことになります。このためにあらゆる感情の見本市のようになっているのが、『感情教育』だといえるかもしれません。

【講評】 構造主義という基本

　この『感情教育』の議論は、構造主義という 20 世紀後半に思想界や文学界に旋風を巻き起こした考えが基本にあります。構造主義なんてもう古いという人もいるかもしれませんが、構造主義以降のさまざまな理論、思想はこの考えを基本にしているので、一度、簡単に押さえておくとよいでしょう。

　構造主義はテキストの下にそれを支える軀体のような構造体が潜んでいるというのが基本的な発想です。家は何本もの柱によって支えられていますが、それらは壁などによって見えない状態にあると想像してみてください。家の外観がテキストで、柱などが構造にあたります。テキストにはそれを支えるような何かがあるのです。今度は建売住宅のようなものを考えてください。それぞれの家は外観も内装も異なっていますが、基本的な設計や柱や壁などの構造体は共通のものを使用しています。つまり基本的な構造をもとにして、それぞれの家はそのヴァリエーションとして建てられていることになります。テキストも同様です。A というテキストと B というテキストは異なったものなのですが、その下に隠れた構造は共通のものを使用していて、そのヴァリエーションとしてテキストが成立していると考えます。

　このテキストの下に潜む構造は、いろいろ考えられますが、ここでは二種類を提示しておきましょう。一つは昔話や神話などから抽出したようなプロトタイプです。たとえばこの本でも登場した折口信夫が古典作品に共通して見られるものとして主張したものに、「貴種流離譚」というものがあります。これは王族や英雄などの貴種が都などの中心で活躍しているのですが、やがて何かのきっかけで失墜し、都落ちをして中心に対して周縁部で生活せざるを得なくなります。しかしまたやがて再起の機会が訪れ、都、つまり中心に返り咲いて、以前にも増して威光を帯びた活躍をするものです。

　もう一つは、対立の構造です。この章でも議論したような聖と俗の対立構造はその一例です。この他に内と外、明と暗、男性的と女性的などの対立の構造などがあります。こうした対立がテキストのいたるところ

で見出され、テキストを特徴付けているというものです。

これ以外にも構造の種類は考えられますが、最初はこの二つを頭に入れておくとよいのではないでしょうか。

この構造主義には特徴があります。今、述べたようにテキストの下に構造が潜んでいるというのが、一つの特徴です。もう一つの特徴は、テキストの下に潜む構造がテキストを決定しているのであって、作者が決定しているのではないということです。作者の個人的な体験が作品に反映されているという考え方は構造主義では採用されません。そのため作品は作者の所有物で、作品を理解することは作者を理解することであるという考えも生じません。テキストは作者から切り離されて分析されるものになったのです。

ところで1960年代から盛り上がりを見せた構造主義でしたが、やがて行き詰まりを見せます。構造主義を唱え始めた批評家の一人にカナダのノースロップ・フライという人がいます。彼はあらゆる文学は基本的に「春、夏、秋、冬」という四季のいずれかの構造に還元できると唱えました。これは極端ですが、初期の構造主義者たちは「あらゆる文学作品に共通する普遍的な公式があるはずで、それを発見することが重要である」と考えていたようです。しかしあらゆる作品に普遍的にみられる物語の構造というものはおそらくないと思います。そのため構造主義による文学研究は行き詰まりを見せました。

しかし現在でも構造主義の基本的な考えは息づいています。つまり唯一絶対の普遍的な構造は存在しないが、テキストの下に構造は潜んでいる、そしてその構造を見つけるのは読み手であるというものです。私たちはテキストに構造を見出すことができます。しかしその構造は絶対的なものではなく、個々のテキストから抽出されるものであり、また読み手によっても抽出される構造も異なってくるということです。

ここでは『感情教育』に聖と俗の対立の構造がみられるということで議論を進めましたが、この聖と俗も絶対的なものではなく、A君が見つけ出したものです。別のU君が読んだら、別の構造を見出すかもしれません。それはそれでよいのです。おそらくそれがテキストの持つ豊かさ

第6章 問いを発展させる　　145

なのでしょうし、そうした豊かさを持ったテキストが古典として読み継がれていくことになると思います。

2 ｜ 貨幣と想像力
―― 村上春樹「パン屋襲撃」を読む

　今度の例は村上春樹[53]の「パン屋襲撃」です。村上春樹という作家はこの本を読んでいる人の多くが知っている名前ではないかと思います。現代日本を代表する作家です。みなさんのなかでも愛読している人も多いのではないでしょうか。「パン屋襲撃」は1981年の『早稲田文学』10月号に掲載された短編小説です。あらすじは以下のようになります。

　二日間水しか飲まず、腹を空かせていた「僕」と相棒は、パン屋を襲うことを決心します。包丁を手にして、パン屋にむかいます。パン屋の主人は五十過ぎの頭のはげた、共産党員です。店内には客のオバサンが一人しかおらず、パン屋の主人はワグナー[54]の曲に耳を澄ませていました。オバサンはなかなかパンを決めることができませんでしたが、やっと買い物を終え、店を出て行くと、「僕」と相棒は主人のところに行き、自分たちは空腹なのだが、一円も持っていないと告げます。すると店の主人はすべてのパンを食べてもいいが、その代わりにお前たちを呪ってやるといいます。相棒は呪われるのは嫌だといい、さっさと殺っちまおうというと、今度は店の主人が痛いのは嫌だといいます。この不思議な会話のあと、やがて店の主人からある提案がなされます。それはパンを食べてもいいが、その代わりにワグナーの曲を聴くというものでした。そしてワグナーの曲を聴いて、「僕」と相棒はパンを食べることができたというものです。

　村上春樹の作品は、平易な文章であるにもかかわらず難解であるとい

---

[53] 村上春樹（1949– ）　日本の小説家。『風の歌を聴け』で群像新人賞。『ノルウェイの森』、『ねじまき鳥クロニクル』、『1Q84』等。
[54] ヴィルヘルム・リヒャルト・ワグナー（1813–1883）　ドイツの作曲家、指揮者。オペラ『タンホイザー』、『ローエングリン』、『ニーベルングの指輪』等。

うのが、一般的な評価のようです。つまり最終的にテキストは何を主張しているのかよく分からないということでしょう。実際、このテキストもストーリー自体には複雑な仕掛けや伏線が張られているわけではありません。非常に短い作品なので読んでみてください。すぐに難しいストーリーでないことが分かるでしょう。問題は、この比較的単純なストーリーのテキストが何をいいたいのかが分からないということです。

　この作品をある年の「人文科学特論」の授業で取り上げ、履修した学生たちに議論してもらったことがあります。この時、この本でも説明したように、「あれっ？」と思ったところを探してみましょうと最初に提案しました。学生たちに自分たちが気になったところを聞いてみたところ、大別すると次の二点に集約されました。

1　「神もマルクスもジョン・レノンも、みんな死んだ」という一節。
2　「何故我々が等価交換物を持ち合わせていないのか？　おそらく我々に想像力が欠如しているからである」という第二段落で現れる一節と「そして想像力がなだらかな坂を転がり落ちるようにカタカタ動き始めていた」という末尾の一節にあらわれる「想像力」。

　1の一節は印象的な表現で、誰もが「おやっ」と思って立ち止まる箇所でしょう。ですが、これは村上春樹がこの小説を書いた時代状況と照らし合わせると比較的容易に理解ができます。実際、学生には図書館やインターネットで1981年前後の時代状況を調べてみるように課題を出してみました。

　1981年という年を考えると、この時代、多くの大学生はマルクス[55]と彼の名を冠したマルクス主義というものに対して何らかの形でかかわらざるを得ない時代だったはずです。そしてそのマルクスの考えでは、宗教は麻薬と一緒であって、否定されるべきものだったのです。この時の

55　カール・マルクス（1818–1883）　ドイツ出身でイギリスで活躍した哲学者、経済学者。エンゲルスとともに科学的社会主義を説き、共産主義の到来を予言した。『資本論』、『ドイツ・イデオロギー』等。

宗教といったとき、おそらくマルクスの念頭にあったのはキリスト教、あるいはユダヤ＝キリスト教的一神教であるといってよいでしょう。時代的にいえばマルクスの生きた19世紀は、ドイツの哲学者、フリードリヒ・ニーチェ[56]が端的に「神は死んだ」と宣言したように、ユダヤ＝キリスト教的な価値体系が大いに揺らいだ時代でした。それに鉄槌を下すかのごとく、マルクスは「宗教は麻薬である」として、社会から宗教を排除しようとします。村上春樹世代の青年はこうした文脈は知っていたと思います。これが神も死んだという表現につながっていくものと思います。

次にマルクスも死んだということはどういうことでしょうか。1981年は、マルクスとマルクス主義に基づいて非常に高揚した戦後のあの学生運動の大きなうねりがすでに去っていった頃です。大学生が東京大学の安田講堂に立て籠もったのが1969年、連合赤軍が浅間山荘での攻防戦を演じたのが1972年です。一方、中国では文化大革命が1976年には終息していきます。学生運動の根幹を成していたマルクス主義、毛沢東主義が急速に退潮していった時期の後にくるのが80年代です。マルクス、あるいはマルクス主義が描き出した理想社会は観念的なものであって、実現はしないかもしれないという現実を認識し始めたのが80年代であれば、村上春樹がマルクスも死んだと表現するのも理解できるでしょう。

ではジョン・レノン[57]はどうでしょうか。ジョン・レノンはいうまでもなくビートルズのメンバーです。そのジョン・レノンが狂信的なファンの凶弾に倒れたのが1980年です。直接的にはそのことをいっていると思います。ですがビートルズはデビュー当時から長髪やジーンズというファッションなどで、既存の価値体系に異議の申し立てをし、「解放」「自由」を象徴的に表していました。まさに学生運動を支えた団塊の世代にとってビートルズは自分たちの「規範」そのものだったはずです。ジョン・レノンの死というのはこの規範が永遠に失われたことをも意味

---

[56] フリードリヒ・ニーチェ（1844–1900）　ドイツの古典文献学者、哲学者。『悲劇の誕生』、『ツァラトゥストラはかく語りき』、『善悪の彼岸』、『道徳の系譜』、『この人を見よ』等。
[57] ジョン・レノン（1940–1980）　イギリスの音楽家。元ビートルズのメンバー。

しています。あのビートルズは、どのような形であれもう決してわれわれの前に現れないのですから。

　この「神」「マルクス」「ジョン・レノン」の三者の死は何を表しているのでしょうか。この三者に共通するのは、いずれも行動や判断や認識を律する最終的な参照点、つまり「規範」であったということです。近代から現代にかけての「規範」がすべて失われ、若者たちはどのように行動してよいか分からない時代に80年代は入っていったといってよいでしょう。実際、80年代の若者は「三無主義」「五無主義」などと呼ばれることになります。若者は行動指針がなく、茫漠として立ちすくんでいるのですが、前世代からすると意志の欠如、虚無主義に映ったのかもしれません。

　いずれにしてもいささか自嘲気味に「神もマルクスもジョン・レノンも、みんな死んだ」と村上春樹が書くのは、こうした時代状況を表現していることと考えられます。

　ところが2の方になると難しくなります。「想像力の欠如」と「想像力が［……］動き始めていた」と書かれているのですが、この「想像力」とはどういうことかと考え始めると、とたんに分からなくなってしまいます。実際、学生たちは「この『想像力』とは何を意味するの」という問いに対して、「よく分からない」「不思議」といった答えしか返ってきませんでした。学生たちがこの箇所に目をつけたのは、「何故我々が等価交換物を持ち合わせていないのか？　おそらく我々に想像力が欠如しているからである」という文章のつながりが論理的でないと感じたからです。等価交換物がないということと想像力が欠如しているという関係について何の説明もないのです。この等価交換物とは想像力のことなのかということの答えが宙づりにされたまま、読者はこのテキストを読み進め、最後にたどり着くのが、「そして想像力がなだらかな坂を転がり落ちるようにカタカタ動き始めていた」という文章です。結局、「等価交換物とは想像力なのか」ということは明らかにされないまま、想像力の欠如はどうやら解消されたらしく、働き始めたようだということでテキストが終わりますが、読者は宙づり状態のまま突き放されてしまいます。確

かにこの「想像力」は引っかかるところです。
「おそらくこの『想像力』がこの作品の読解の鍵になると思うよ」
と疑問を投げかけ、「想像力」を解くための鍵を探してみるように指示して、学生同士で議論をしてもらいました。しばらく議論をしてもらった後で、学生に聞いてみると、さまざまな答えが出たのですが、M君という学生が
「なんだかよく分からないけれど、想像力よりも『等価交換物』のほうが怪しい」
と発言をしました。確かにこのテキストでは「等価交換」が重要で、この語も読解の鍵の一つになると思います。そこで
「では『等価交換』とは何だろう」
と質問をしたのですが、
「それはよく分からないですよ、だってまだ大学１年生ですよ」
という返事でした。

　では「等価交換」について調べてくるようにということにしたわけですが、「等価交換」とは何でしょうか。百科事典的な説明となりますが要するに価値の等しいモノを相互に交換するというものです。ここで重要なのは、貨幣を媒介させずに直接モノ同士を交換することになる点です。物々交換の時代であれば、一着の上着は40ポンドのコーヒー豆と交換できるといったようなことです。この時、上着一着とコーヒー豆40ポンドが同等ということになります。つまりコーヒー豆40ポンドは上着一着、上着一着はコーヒー豆40ポンドにそれぞれ等しいということになります。

　モノとモノとを等価交換していた時代、一着の上着の価値は、コーヒー豆40ポンドに相当することになりますが、この価値の実体は、モノに特有の属性ではありません。価値がモノの属性の一つと考えることをマルクスは価値の物神性として批判します。そして価値はその商品としてのモノを生産するのに要した労働量によって決定するとしています。価値はモノの属性であるという絶対的なものから、労働量という相対的なものによって生じるとパラダイムを変換したのがマルクスです。

ところで、ここまではモノとモノとの関係でしたが、モノとモノとの価値を媒介する貨幣との関係はどうなるでしょう。モノとモノとの等価交換の時代から、やがて貨幣が登場してきて貨幣とモノとを交換する時代になっていきます。貨幣は確かに当初は金本位制を取っていましたが、やがてその貨幣の想定する価値にふさわしい金と交換できるという保証を放棄することになります。貨幣の価値の保証がなくなるわけです。そうした保証を失ってもモノの持っている価値と等価なものとして貨幣は存在し続けることになります。

　村上春樹の「パン屋襲撃」での「等価交換物」とは、まず何か物々交換をするためのモノというよりも、貨幣のことをいっているように思えます。要するに「お金がなくて、食べ物も買えない」という状況です。ですが、考えてみてください。モノとお金は本当に等価交換できるでしょうか。

　こう質問してみたのですが、学生たちは何のことか分からないような状況でしたので、岩井克人[58]の『貨幣論』を読むことを勧めました。彼には『ヴェニスの商人の資本論』といった著作があることからも分かるように、経済学の素養がない読者に対して、分かりやすく経済を論じる、あるいは人文科学のテキストを経済学の視点から読み直すということをしてきた経済学者です。そしてこの『貨幣論』は、マルクスの『資本論』を扱ったものなのです。さてこの本を読むことを宿題にしたのですが、さらに翌週、M君はこの『貨幣論』を精読したものとみえ、「命がけの跳躍」という言葉を口にしました。これはM君がこの本を読んだ証拠です。というのもマルクスの翻訳では、たいてい「とんぼ返り」と訳されているのですが、岩井克人は原語を直訳して「命がけの跳躍」と訳しているからです。

　一万円というものを考えてみましょう。確かに紙幣には非常に精巧な絵が描かれていますが、その紙切れ自体に一万円の価値があるかといえば、そうではないといえます。人がモノを交換できるのは、自分が交換

58　岩井克人（1947-　）　日本の経済学者。東京大学名誉教授、国際基督教大学客員教授。日本学術会議会員。『ヴェニスの商人の資本論』等。

しようと思っているモノと欲しいモノとが同程度の価値を有しているからです。でも明らかに紙幣・貨幣は、交換してほしいモノとは、それ自体では等価とはいえません。こういってよいなら不等価です。ところがモノと貨幣は不等価なのに、交換が成立してしまうのです。そのためこの交換は等価交換ではなく、不等価交換といったほうがよいくらいです。M君は岩井克人の次の文章を引用して説明しました。

> 結局、一万円の貨幣と一万円の商品との交換という価値の次元における公明正大な等価交換の下には、無価値のモノと価値あるモノとの交換というまさに一方的な不等価交換がモノの次元で存在している。無と有との交換——だが、それにもかかわらず、一番目のほかの人間がこの一万円札を商品と交換にひきうけることになるのは、それをモノとして使うのではなく、それをそっくりそのまま二番目のほかの人間に手わたそうと思っているからなのである。モノの次元の不等価交換を、価値の次元の等価交換の装いのもとで、そっくりそのまま未来にむけて先送りしてしまおうと思っているからである。
> 岩井克人『貨幣論』

モノと貨幣は不等価なのですが、貨幣がモノと等価であるという価値を獲得するのは、そのモノと貨幣を交換した者が、それを次の人に一万円の価値のあるものとして受け渡すことができるという思い込みがあるからです。このとき不等価であることは忘れ去られることになります。モノと貨幣の関係は根拠のないものなのですが、貨幣があたかも交換されるモノに相当する価値を有していると思えてしまうこと、それが「命がけの跳躍」となります。一種の共同幻想です。

ところでこの「命がけの跳躍」の起源はどう考えることができるでしょう。次の人にこれは一万円の価値があるものだといって、手渡し、手渡された人もそれを一万円の価値のあるものとして、次の人に渡し……と次から次へと流通していくのですが、価値のないものを「いやある！」と断言するには、「これは価値があるんだ」と想像することです。そして

それが流通できる体系になれば、貨幣として流通していくことになります。こうして初めて紙は紙幣として流通することができるようになります。紙幣とモノとを等価交換できるのは、想像力があって初めて可能になるのです。

　こうしたことをＭ君はみんなの前で発表しました。Ｍ君はこの本来、交換するモノに相応する価値を有していないものが価値を有することが「命がけの跳躍」であり、それを成り立たせているのが想像力であると主張しました。そしてこれが「パン屋襲撃」の基本的な構造だと主張しました。「パン屋襲撃」は確かに引っかかるところが沢山あるといえばあります。たとえばパン屋に入っていったとき居合わせたオバサンのパンの選択を描写した箇所などがそうです。全体に何かありそうな記述が延々と続いています。しかしそうした村上春樹流の韜晦を取り除くと、残るのは「命がけの跳躍」だけ、というのがＭ君の考えでした。

　まず「何故我々が等価交換物を持ち合わせていないのか？　おそらく我々に想像力が欠如しているからである」という箇所ですが、ここでいう「等価交換物」とは先に述べたように貨幣です。お金がないから、食べ物が買えない。食べ物が買えないので空腹が満たされない、ということになります。ところでこの等価交換物を持ち合わせていない理由が「想像力の欠如」と断じられています。この場合、等価交換物であるお金は現在、私たちが使っている一万円札や百円玉だけであるという固定観念にとらわれてしまっていることが想像力の欠如なのです。貨幣は本来、不等価交換物であり、唯一無二の絶対的なものではないのですから、政府が発行し、管理している貨幣と紙幣のみがお金でなくてもよいはずなのです。ＡとＢが等価で交換可能という認識が、共有できれば、本来何でも貨幣の機能を果たすことができるのです。

　このことに注目して「パン屋襲撃」を見ていくと、パン屋の主人と「僕」と相棒のやりとりのなかでこの等価交換が成立する瞬間があるのです。

　「とても腹が減っているんです」と僕は主人にうちあけた。包丁は体の後ろに隠したままだ。「おまけに一文なしなんです」

「なるほど」と主人は肯いた。
　カウンターの上にはつめきりがひとつ載っていて、我々は二人でそのつめきりをじっと眺めていた。それははげたかの爪でも切れそうなくらい巨大なつめきりだった。おそらく何かの冗談のために作られたのだろう。
「そんなに腹が減っているんならパンを食べればいい」
　主人は言った。
「でも金がないんです」
「さっき聞いた」と主人は退屈そうに言った。「金はいらないから好きなだけたべりゃいい」
　僕はもう一度つめきりに目をやった。「いいですか、我々は悪に走っているんです」
「うんうん」
「だから他人の恵みを受けるわけにはいかない」
「うん」
「ということです」
「なるほど」と主人はもう一度肯いた。「じゃあこうしよう。君たちは好きにパンを食べていい。そのかわりワシは君たちを呪ってやる。それでいいかな」
「呪うって、どんな風に？」
「呪いはいつも不確かだ。バスの時刻表とは違う」
「おい待てよ」と相棒が口をはさんだ。「俺は嫌だね、呪われたくなんかない。あっさり殺っちまおうぜ」
「待て待て」と主人は言った。「ワシは殺されたくない」
「俺は呪われたくない」と相棒。
「でも何かしらの交換が必要なんだ」と僕。
　我々はしばらくつめきりをにらんだまま黙り込んでいた。
「どうだろう」と主人が口を開いた。「君たちはワグナーが好きか？」
「いや」と僕が言った。
「いいや」と相棒が言った。

「好きになってくれたらパンを食べさせてあげよう」
　まるで暗黒大陸の宣教師みたいな話だったけれど、我々はすぐにそれに乗った。少なくとも呪われるよりはずっと良い。
「好きですよ」と僕は言った。
「俺、好きだよ」と相棒は言った。
　そして我々はワグナーを聴きながら腹いっぱいパンを食べた。
村上春樹「パン屋襲撃」

　ここでお金を持たない「僕」がはっきりと「でも何かしらの交換が必要なんだ」といって、お金以外の等価交換を模索していることが分かります。この交換は最初は「パン」と「呪い」が等価交換されようとします。しかしこれは成立しません。「相棒」が拒絶したからです。次に考えられたことは「パン」と「ワグナーを好きになること」が提示されます。この交換は成立し、「僕」と「相棒」はワグナーを好きになり、この後、主人のワグナー談義を聞かされることになるのですが、同時にパンを「腹いっぱい」食べることができます。そうすると起こることが次のようなことです。「想像力がなだらかな坂を転がり落ちるようにカタカタ動き始めていた」。欠如していた「想像力」が動き始めるのです。固定観念に縛られて、想像することを忘れていた「僕」が、パン屋を襲撃し、パン屋の主人との取引をしたことで、等価交換の可能性が生まれたことになります。M君はこう説明し、「パン屋襲撃」は、貨幣に代わるものの創造の瞬間を主題にした小説であると結論づけました。

　このM君の主張をもとに教室で議論しましたが、この時、別の学生からこの命がけの跳躍に関連づけての説明は分かったけれど、「おやっ」と思った点の1の「神もマルクスもジョン・レノンも、みんな死んだ」はこれと関連づけるとどのように説明することができるのか、という質問がありました。M君は考え込んでしまいましたが、ある学生が「こう考えられるんじゃないかな」といって発言をしました。

　貨幣は命がけの跳躍によって本来は価値のないものであったが、価値あるものになって、絶対的な基準となっていきます。この貨幣が絶対的

な基準になった途端、それが「命がけの跳躍」であったことは忘れられてしまいますが、実際は、先ほどＭ君の主張のなかにあったように、価値のないものなのです。つまり貨幣は今、私たちの財布にはいっている貨幣や紙幣である必要はないのです。「呪い」や「ワグナーを好きになること」でも置き換えられるのです。こう考えると、「神もマルクスもジョン・レノンも」当時、絶対的な権威としてあったものです。ですがそれは貨幣と同じように置き換え可能であるということが露呈してしまった時代が「僕」が生きている時代なのです。絶対的権威としての「神もマルクスもジョン・レノンも」もう存在せず、死んでしまったのです。冒頭にこの一文を書いたのは、この後で述べられている「命がけの跳躍」を予告し、暗示しているものなのではないでしょうか、というのがその学生の発言でした。なるほどそうすると、これは絶対的権威が喪失してしまって、その後のすべてが相対化されてしまった世界での価値創造の物語ということになります。一時、はやった言葉でいえば「大きな物語の終焉」を語った物語といえるでしょう。

　この議論はどうでしょうか。こうした読解が村上春樹を読む上で正しいかどうかといった判断はここではしません。ですが、「おやっ」と思ったところを手がかりに文献や資料を探し出し、さまざまなものを有機的に結びつけていくとただ読んだだけでは不条理なものとしか見えなかったのに、別の世界が浮き上がってくるのが分かったのではないでしょうか。これはもちろん読解の一例にすぎません。みなさんもみなさん流の読み方をしてみてください。

【講評】　マルクスとテキスト
　この村上春樹の「パン屋襲撃」は不条理な小説だといわれますが、これを不条理でない読み方のなかに当てはめることができないか、と考えてみたことがこの議論の出発点でした。これをマルクスの『資本論』中の「命がけの跳躍」をもとにすると不条理ではない読み方が可能になるというのが今回の議論でした。今回、モデルにしたのはマルクスの理論です。文学ではマルクスを用いた読解というのは一世を風靡した時期が

ありました。そのため、マルクスを用いた文学読解というものも多種多様ということになります。代表的な読解法は、文学作品などのテキストに潜在的な階級闘争の要素を見出すものです。ですが、これ以外にもさまざまなマルクスを用いた読解法があります。

　今回の読解は、マルクス主義的な読解という考え方からすると、上部構造と下部構造の関係と捉えることができます。上部構造と下部構造という言葉もマルクスのものです。これは社会構造のことで、社会は上部構造と下部構造から成るというものです。では下部構造の社会と上部構造の社会というものはどういうものなのでしょうか。マルクスはこの下部構造のことを土台ともいっているので、下部構造は社会の基盤となるものということは推測されます。マルクスによれば、この基盤となる下部構造とは、生産関係のことです。生産関係のことです、といわれても何のことやらさっぱりということになってしまいますので、もう少し詳しく見てみると、資本家と労働者の関係ということになります。資本家に対して労働者がどのような関係にあるかということです。両者のバランスが取れている、つまり労働に対して支払われる対価などに不満がなければ、これは社会組織としてうまく機能しているといえます。しかしこの関係が乱れると資本家と労働者とのバランスが崩れ、社会構成が変化することになります。そしてこの下部構造の上にあるのが上部構造で、この上部構造はさらに二段階に分かれ、下部構造のすぐ上に社会の組織構造があり、その上に観念的な形態があるとされています。生産の関係が変化すると、その上部にある社会システム、たとえば政治体制や法制度、教育制度など社会的な組織が影響を受けて、変化します。こうした社会組織の構造変化が起こると、次いで観念的な形態も変化をきたすことになります。文学や哲学、歴史学などがそれまでとは異なった形態や構造に変化してしまいます。こうして下部構造の経済の変化は、社会組織の変化、観念的な形態の変化を引き起こしてくることになります。

　このマルクスの提唱した下部構造の変化が上部構造の変化を引き起こすというものをやや拡大して、適用したのが、「パン屋襲撃」です。つま

り生産の関係というものを資本家と労働者の関係と制限して捉えるのではなく、社会生活を支える根本的なものの関係と拡大して読んでいます。

　今回の村上春樹の「パン屋襲撃」は、マルクスの「命がけの跳躍」というものをキーワードに議論しましたが、この「命がけの跳躍」がもたらしているものは何かといえば、社会生活の根幹にある貨幣経済です。ほとんど価値のない紙切れや金属片が、価値を有することができるのは、それが価値あるということをみんなで共有していて、そのバランスがきわめてうまく取れているからです。ところがこの貨幣に基づいた価値観は幻想にすぎず、貨幣は誰もが今、使っている紙幣や貨幣である必要はないのです。取引をする両者のあいだで価値が共有されていれば、それはワグナーの音楽であっても問題はないのです。そしてそれを受け入れた瞬間、経済の根本が変化します。下部構造の変化です。おそらくこのことによって社会の組織構造も変化を起こし、やがてイデオロギーも変化することになるでしょう。そのために「想像力」が最後に動き出すことになります。「パン屋襲撃」では、上部構造の変化には言及していませんが、下部構造の変化が上部構造の変化を生み出すという構造それ自体が前提になっていると考えることができます。いってみれば、マルクスのこの下部構造と上部構造の変化をパロディにしたものといえるかもしれません。

3 拡張する「私」
—— 中原中也「時こそ今は……」

　今度はこの本の冒頭で紹介した中原中也の「時こそ今は……」をもう一度取り上げたいと思います。詩の読解ということになります。授業では、いつものように「一体、どんな点にみなさんは引っかかりましたか。それは言葉だったでしょうか」と問いかけて、議論を始めました。

　最初のうちはほとんど発言がなかったので、「『泰子』とは誰か分かりますか」と問いを出しました。やがて中原中也の詩集を読んだことのあ

るというYさんが手を挙げました。
「ここに登場する『泰子』は、確か、長谷川泰子といって、中原中也の恋人だった人です」

　その通りです。長谷川泰子[59]は明治37年生まれですので、明治40年生まれの中原より三歳年上になります。中原が旧制山口中学を落第し、京都の立命館中学に転校させられてから半年ほどした秋に長谷川泰子と知り合います。彼女は新劇女優を夢見て上京したものの、関東大震災にあって京都に逃れてきたのです。それからさらに半年ほどすると二人は同棲を始めます。やがて二人は東京に上京していきますが、関東大震災後の東京で中原たちが知り合ったのは、小林秀雄や大岡昇平です。ところが長谷川泰子は中原の友人である小林秀雄と同棲を始めてしまうのです。その小林もやがて長谷川泰子の潔癖症に堪えられなくなり、昭和3年に別れてしまいます。その後、長谷川泰子は松竹蒲田撮影所に入社し、松竹の女優となって、東中野で生活をしていきます。一方、中原が「時こそ今は……」を同人誌『白痴群』に発表するのは昭和5年です。つまり「時こそ今は……」は長谷川泰子と別れた後に発表されたものということになります。

　しかし中原は泰子と別れた後も、彼女と交流を続けていたようです。長谷川泰子は、この昭和5年の東中野でのことを次のように回想しています。

　　中原と私は相変わらずで、喧嘩ばかりしておりました。中原は西荻から東中野へ一番電車でやってきて、二階に間借りしている私を道路からオーイと呼んで、起こすこともありました。私が顔を出すと、夢見が悪かったから気になって来てみたのだが、元気ならいい、などといったこともありました。そんな中原をうっとうしいと思い、私はピシャリと窓を閉めたこともありました。だけど、私の態度も中原に対して煮え切らない面があって、喧嘩しながらも決して中原

59　長谷川泰子（1904–1993）　日本の女優。芸名は陸礼子。中原中也、小林秀雄との三角関係で有名。

第6章　問いを発展させる　159

から離れていこうなどと考えたことありません。
　　　　　　　長谷川泰子述・村上護編『ゆきてかへらぬ』

　ここまで説明すると、F君が、
「これまで恋愛詩だと思っていたけど、ずいぶん印象が変わったなあ」
と驚いたような声を上げました。
「中原は恋人を奪われてしまったけど、未練があって腐れ縁的な関係をずるずると続けていた……ということですよね」
「そうですね。中原自身、自分のことを『口惜しき人』と呼んでいます」
　しばらく、中原と小林と泰子の関係について学生たちは感想やら批判やらを出して議論していましたが、しばらくしたところで、「改めて詩を読んでみて、気になったところはないか、話し合ってみよう」と提案しました。しばらくすると、再びF君が
「そうやって読んでみると、この詩は変に生々しい感じがしてきた」と感想を漏らしました。「生々しいということはどういうことなのか」と質問すると、F君は「それがよく分からないんです」と詰まってしまいました。すると最初に発言したYさんが「生々しいかどうか分からないんですけど」と前置きをして、
「この詩って雑誌に発表されたんですよね」
「そうです、『白痴群』という同人誌に発表されて、それから『山羊の歌』に収録されました」
「そうですよね、これって長谷川泰子さんに個人的に贈った詩とかじゃないんですよね」
「そうですね」
「だとすると、信じられないですよね。だって自分の私生活を誰が見るか分からないところに臆面もなく発表しているんですよ、どうしてそんなことができるのか、分からない！」
　この発言を受けて、学生たちはブログなんかのSNSでも私生活を書きまくっている人がいるじゃないか、それとどう違うのか、いやいやそれでも実名は出さないでしょう、などちょっとした議論になりました。い

ささか収集がつかなくなりましたが、これは改めて考えてよいことではないでしょうか。

　詩という形であれ、自分の私生活を臆面もなくさらけ出すことができるのはどうしてなのでしょうか。これが個人的な詩であり、長谷川泰子に宛てたものであり、公開を前提にしていないというのであればまだ理解はできます。自分の気持ちをうたって、それを愛する人に伝えるということはある意味で自然な行為だからです。ですが、同人誌とはいえ、公のものに自分の愛する人の名前を挙げ、生々しく自分をさらけ出すということはいったいどういった精神構造から来るのでしょうか。そうしたことにブレーキがかからないということは、それが異常ではないと判断するその時代の精神風土があったと考えるべきなのではないでしょうか。ではそれはいったい何でしょうか。この授業ではこれが問いになりました。

　次回までに、中原中也に私生活をさらけ出すことにためらいを感じさせないものは何か考えてくるというのが宿題になりました。ただ多くの場合、テキストだけを何度も読み返しても得られる情報には限界がありますから、議論のための補助線を引くためにもテキスト以外の文献を参照する必要が出てくるかもしれないとアドバイスをしました。

　次の週、学生たちにどんなものを調べてきたか、尋ねると、多くの学生は中原と泰子の関係についてでした。大岡昇平、吉田凞生[60]、佐々木幹郎[61]の評伝から情報を得ているようでした。そのうちD君は面白いものを読んでいました。小林秀雄です。D君が読んできたのは「中原中也の思ひ出」という小林の中原追悼文です。そのなかでも「彼の詩は、彼の生活に密着してゐた、痛ましい程。[……]彼は詩人といふよりも寧ろ告白者だ。彼はヴェルレエヌを愛してゐたが、ヴェルレエヌが、何を置いても先づ音楽をと希ふところを、告白を、と言つてゐた様に思はれる」という箇所が気になったようです。

---

[60]　吉田凞生（1930–2000）　日本の近代文学研究者。東京女子大学、千葉大学、大妻女子大学教授、城西国際大学副学長。中原中也、小林秀雄の研究や全集編纂で知られる。

[61]　佐々木幹郎（1947–　）　日本の詩人。中原中也の研究でも知られる。詩集『蜂蜜採り』、評伝『中原中也』等。

「というのも、私生活をさらけ出すというのは、要するに読者に向かって告白をするということになるでしょう。それを考えていたら、この文章にぶつかったんです」

中原の同時代人の小林は中原の詩を「告白の詩」と捉えていたことになります。D君はさらに、小林秀雄の著作を調べてみることにして、ちょうど中原と同時代の作品をいくつか読んでみたとのことです。「どうしてそのような読み方を考えたのか」と質問してみると、D君は、
「中原中也のテキストを読んでいてもよく分からなかったので、中原と同時代の作家や評論家の文章を読んでみて、中原と共通するものを探そうと考えたんです。もしかしたら、それがその当時の一般的な考え方なのかなあ、と思いまして」

「中原中也の思ひ出」に続いてD君は「様々なる意匠」などの小林の初期の評論を読んでみたのですが、気になったのが「私小説論」とのことでした。これは昭和10年に発表されたものですから、中原が「時こそ今は……」を発表した昭和5年と大きく離れていません。「私小説」ということを少し説明しておいたほうがいいかもしれません。文学史的な定義からすると、私小説とは作者自身の私生活を赤裸々に描き出した小説のことです。フランスのエミール・ゾラ[62]から始まる自然主義文学の影響のもとに日本で独自に発展した文学形態です。ゾラの自然主義文学とは自然科学の成果を文学に取り入れるということだったのですが、臨床医が客観的、あるいは冷静に患者の症状を観察するように、ゾラは小説の登場人物たちや彼らがおかれた状況を客観的に描写していきます。とりわけ労働者や社会の底辺で生きる人々を克明に描き出しているのが、ゾラの小説の特徴の一つです。これが日本に移入されると、社会の周縁で生きる人々を対象にした小説として、一方では当時の社会運動と結びついた文学として展開され、もう一方では内面化し、作者個人（だいたいは貧困にあえぐ状況におかれていました）の生活を詳細に描き出す文

---

[62] エミール・ゾラ（1840–1902）　フランスの小説家。フランスの自然主義の創始者。全20作から構成される『ルゴン＝マッカール叢書』で知られ、『居酒屋』、『ナナ』、『ジェルミナール』などがそこに含まれている。

学として展開していきます。

　この私小説というきわめて個人的な出来事を述べた小説が、個に埋没するのではなく、普遍性を持っていることを小林は述べているのです。小林秀雄の論にしばらく従って見てみましょう。

　実はフランスにも私小説があったと小林は述べています。「フランスでも自然主義小説が爛熟期に達した時に、私小説の運動があらはれた。バレスがさうであり、つゞくジイドもプルウストもさうである」と。そしてそれが日本に移入されると「実生活に関する告白や体験談は、次第に精錬され『私』の純化に向ふ」のです。フランスからの文学運動の流れの延長線上に私小説はあるという一種の正統化がここに見られることは確かですが、問題なのは、小林秀雄のいう「純化された私」なのです。個々人は個々人として生を得て生きているわけです。そうした意味では個々人はすべて他人から区別される個物です。ですが、そのすべて区分される個物のなかには人間であるという共通の性格が潜んでいることになります。だから私たちは自分とは違うＢさんを見ても人間だと分かるし、犬のポチを見てはこれは人間ではないといえるのです。つまり個物には個を超えた普遍が含まれていることになります。こうしたいわば個と普遍の問題が私小説の背後にあることが小林の文章からは透けて見えてきます。つまり「私」という個の経験した非常に限定された個人的な体験であっても、そこから人類全体に共通する何かを見出すことができる、あるいは抽象することができることになるのです。この見出される、あるいは抽象される「何か」が「純化された私」なのです。ですから私小説作家が、自分の個人的な体験を自然主義小説のような克明な描写技法で描き出し、発表することは、人間全体に共通する何かを提示することになるのです。「私」という個人的な体験を語ることが人間の普遍的な問題を語ることになるという論理で成り立っているのが「私小説」です。

　Ｄ君は、この小林の考えからすると、
「作家や詩人が、自分の私生活を赤裸々に語ることは、個人のことを語っているように見えながら、その背後に人類に共通する普遍的なことを語っていることになります。こういってよければ世の真理を語っている

ことになります。だから作家は臆面もなく、自分の経験した個人的な体験を告白できるのだと思います」
　それからＤ君はちょっと躊躇った後に、赤面しながら
「これはでもまだ検証の途中です。実はこのことを小林秀雄のテキストでしか分析していません。この時代の共通のメンタリティーというのであれば、もっとサンプルが必要だと思います。たとえば小林秀雄が例に挙げている久米正雄や、私小説と関係ないようなたとえば横光利一なんかでも同じようなメンタリティーを見出せればなあと思っています」
とつけ加えました。
　確かにその通りです。小林秀雄一人では心許ないです。そのためできるだけ多くの同時代の文学者やもしかしたら文学以外の作品も視野に入れる必要があるかもしれません。大正から昭和初期まで日本の文壇は、ヨーロッパから流入してきた「個」の概念の確立の努力とパラレルに、「個」を徹底的に描き出すことが、普遍につながるという風土を作り上げてきたということはいえそうです。そして中原中也もこうした風土のなかに位置していたと結論づけることも可能だと思います。
　中原が「時こそ今は……」で、臆面もなく自分の愛する女性の名前を口にできるのは、こうした私小説的な風土が彼の背後にあったからだと推測できます。そして中原中也が自分の私生活をのぞかせるような詩を書くことを可能にしている風土とは、徹底して個人を描き出すことで、抽象化された人間一般について、普遍的なことについて述べることになるという論です。私を語ることで普遍を語るという図式が中原に「いかに泰子」という呼びかけを可能にしていたということになります。

【講評】同時代の表象としてのテキスト

　ここではテキストの下に潜んでいる構造は、同時代の精神性を支配する共通の時代認識ということになります。前述したように、これはミシェル・フーコーなどが提唱した考え方です。その時代に共通する「常識だよ」といわれていたもの、それを浮き彫りにして、その特異性を論じるタイプです。ここでは公の場で個人的な出来事を赤裸々に描き出す

ことです。中原中也は長谷川泰子という自分の恋人の名を臆面もなく詩に登場させています。これは私たちにとっては「臆面もなく」といってしまうものですが、当時の感性では、「普通のことだよ」と思われていたかもしれないというのが問いです。

　この同時代の感性、心性というものを浮き彫りにし、それと比較するという方法は、実は意外と手間がかかります。少なくとも対象とするテキストだけではそれはできません。同時代の多くの資料を漁る必要がでてきます。ここでは主に小林秀雄の「私小説論」だけでしたが、同時代のさまざまなテキストを参照し、そこから共通するものを抽出する必要があります。また抽出する領域も文学に限らず、哲学や政治的な言説、経済的な言説、日記、新聞など多様なものからのほうが説得力が増します。こうして浮き彫りにした心性、感性と対象のテキストを比較し、共通するところを見つけ出し、同時にそれとは異質な部分も探し出します。そしてその異質な部分と共通の心性との偏差を明らかにすることで、作者の独自性を発見することができるでしょう。

4　接ぎ木と断絶
　　——もう一つの「時こそ今は……」

　実は中原中也の「時こそ今は……」の議論は、「泰子」問題だけでは終わりませんでした。F君が再び発言しました。
「話を逆戻りさせてしまうようなんですが、僕はやっぱり『時こそ今は、花は香炉に打薫じ』というボードレール[63]の一節が気になるんですけど」
「どう気になるのかな」
「これはボードレールの詩に自分の詩を継ぎ足したようなものじゃないですか。これが気になります」

63　シャルル・ボードレール（1821–1867）　フランスの詩人、美術評論家。『悪の華』で風俗紊乱の罪に問われ、有罪。後の象徴主義文学運動につながる道を切り開いた。『パリの憂鬱』、『人工楽園』等。

そこでこのことについて次の授業で考えてみることになりました。

翌週、問題のエピグラフと詩文の繰り返しについて議論をし始めました。中原中也が引用しているこの詩句は、幸いエピグラフに作者名が書かれているのですぐに誰の作品かは分かります。フランスの19世紀の詩人で、この当時、すでに日本でも翻訳され人気のあったシャルル・ボードレールの詩です。ですがボードレールの詩であることまでは分かりますが、作品名までは分かりません。さらにいえば訳されていますので、これが誰かの翻訳なのか、中原中也の訳なのかも分かりません。中原中也は今の東京外国語大学の前身、東京外国語学校専修科フランス語科を出ていますのでフランス語を知っていますし、フランス象徴主義の詩人、アルチュール・ランボー[64]の韻文詩のほとんどすべてを訳しています。そうであればこの「時こそ今は、花は香炉に打薫じ」は中原が訳した可能性も否定できません。学生たちに「このエピグラフはボードレールのものだけれど、中原が訳したものだろうか」と質問してみると、

「でも、このボードレールの詩って、その後の中原の詩の文体と違いすぎませんか。何だか無理して接ぎ木したみたいです」

「そのことについてなら『新編　中原中也全集』の別冊『解題篇』に『エピグラフにある詩句『時こそ今は花は香炉に打薫じ』は、ボードレール／上田敏訳『薄暮の曲』から採られている。［……］ただし中原は上田訳七五調を七七五調に変えている』と書いてありました」

とYさんが答えてくれました。これで出典は明らかになりました。上田敏[65]の訳したボードレールの「薄暮の曲」が出典です。実際の上田敏の訳詩は次のようになっています。

　　時こそ今は水枝さす、こぬれに花の顫ふころ。
　　花は薫じて追風に、不断の香の爐に似たり。
　　匂も音も夕空に、とうとうたらり、とうたらり、

64　アルチュール・ランボー（1854–1891）　フランスの詩人。象徴主義を代表する詩人の一人。『地獄の季節』、『イリュミナシシオン』。

65　上田敏（1874–1916）　日本の文学研究者、評論家、翻訳家。京都帝国大学教授。多くの西洋文学の翻訳、紹介に努めた。『海潮音』、『牧羊神』等。

ワルツの舞の哀れさよ、疲れ倦みたる眩暈よ、
　　　　　シャルル・ボドレエル「薄暮の曲」（上田敏訳）

　これを提示すると、「あれっ！」とF君はいいました。「確かに上田敏の訳詩を使っていると思うんですけど、でも違いますね」おそらく中原中也が上田敏の訳を見たのは確かでしょう。でもそれをそのまま引用していないのが分かります。音数律を変えていることは解題で指摘されていましたが、実は詩句まで変わってしまっています。気になるので、原文を見てみましょう。

　　Voici venir les temps où vibrant sur sa tige
　　Chaque fleur s'évapore ainsi qu'un encensoir ;
　　Les sons et les parfums tournent dans l'air du soir ;
　　Valse mélancolique et langoureux vertige!
　　（今や時はおとづれて、おのおのの茎の上に震えつつ
　　どの花も、香炉さながら、薫じ立ち上る
　　もろもろの音も香りも、夕べの空中を廻る。
　　憂愁の円舞曲よ、けだるい眩暈よ！）［阿部良雄[66]訳］

　原文を上田敏の訳詩と突き合わせていくと、今度は上田敏が、ボードレールの原文にない詩句を創造して、付加していることが分かります。上田敏はなぜそんなことをしたのでしょうか。それは上田敏が七五調を維持しようとして行った、ということがすでに研究者によって指摘されています。つまり上田敏にとっては原文との正確な対応よりも、伝統的な音数を維持することのほうが重要であったため、音数を調えるべく、創作部分が滑り込んできたことになります。いずれにしろ確かなことは中原中也は、上田敏を正確に引用しているわけではないということです。ですがおそらく中原中也の同時代人はこの冒頭の一行を直観的に上田敏

---

[66] 阿部良雄（1932–2007）　日本のフランス文学者。東京大学名誉教授。ボードレール研究の第一人者。『ボードレール全集』、『シャルル・ボードレール』等。

第6章　問いを発展させる　　167

の翻訳で、そこに中原の詩行が接ぎ木されていると思ったはずです。この時代、上田敏の影響力は大きく、おそらく中原は意図的に上田敏の翻訳詩をもじって、上田敏風の詩行を作り上げ、それを自分の詩の中に織り込んだといえるでしょう。なぜ中原中也はこんな手の込んだことをしているのでしょう。いたずらではないでしょう。おそらくここには中原中也の詩的実験が隠されていると思います。

「ここで問題にしたいことは、中原中也が上田敏、いや上田敏風の詩行を作り上げたことで、読者に上田敏の詩行をテキストに織り込んだと思わせようとしているのは何のためだろうか」

学生たちはきょとんとした顔をしていたので、もう一度、

「作者が意識的にあるいは無意識的に外部の別のテキストを自分のテキストに取り込んでしまうこと、これを問題にしたいのです」

　テキストのなかにさりげなく、別の人物の文章なり、語なりを滑り込ませることはあります。というよりもむしろ、われわれは無意識のうちに他人の表現を自分の中に取り込んで、自分のものにして使っているのです。これは誰かからの影響関係ではありません。また剽窃とも異なります。われわれは自覚せず、これまで他人が紡ぎ出してきた表現をテキストの中に織り込んでいるのです。

　確かに中原中也のボードレールの引用は、かなり露骨に行っているので、これを無意識に表れたものというのは、はばかれてしまうほどです。しかもこれが一見して上田敏の翻訳と思わせておいて、実は中原の模作に近いものであるという操作が入っています。一読して「ははあ、中原中也は上田敏の翻訳を使っているな」と読者に思わせることが中原にとって重要だったはずです。

　ここまで説明して、「なぜ中原はこんなことをしたのでしょう。これについて西脇順三郎[67]と春山行夫[68]の文章に関連づけて論じられるか考えて

---

[67] 西脇順三郎（1894–1982）　日本の詩人、英文学者。慶應義塾大学教授。日本のモダニズム、シュールレアリスト運動の中心人物。詩集に『あむばるわりあ』、『旅人かへらず』等。

[68] 春山行夫（1902–1994）　日本の評論家、随筆家。日本のモダニズム運動に参加。西脇順三郎とともに雑誌「詩と詩論」を創刊。『月の出る町』、『花ことば』等。

みましょう」といって、西脇順三郎と春山行夫の文章を紹介しました。西脇の文章からは上田敏の問題点が、春山の文章からは中原の特異な側面が浮き彫りにできます。

まずは西脇の文章から読んでみましょう。

> 　上田敏乃至蒲原有明氏の詩は我国の詩の語法とリズムの伝統的なものとなった。その語法は文学語である。それに対立して萩原朔太郎さんの詩は驚くべき世界を先ず開拓したのはその語法とリズムの方面であった。我国の詩の発達史上上田敏の詩風が重大なものである。伝統的に見て、今日の日本の詩風を二大別すれば上田と萩原とである。[……]
> 　僕は十八九の時から外国文学を学ぶことを志ざしたので、それがために日本の文学語で書いたものには全然中学の国語読本以上には更に興味がなかった。藤村、上田敏の影響も少しもなかった。日本語で書いた詩に興味を初めて覚えたのは萩原朔太郎のであった。全く子供らしい希望であったが、十八頃から三十三位まで非常に詩が好きで詩を作ってはいた。それは覚束ない英語で書いたり、仏語で書いたりしていて努力したが、皆捨ててしまった。三十三ぐらいになってからようやく萩原流の語法とリズムで書き出した。
>
> 　　　　　　　　　　　西脇順三郎「MAISTER 萩原と僕」

　学生が一読した後、
「西脇順三郎はいろいろなことをいっていますが、肝心なのは何でしょう」
と問いかけました。
「実際に上田敏の本を読んだことがないので、分かりませんが、西脇順三郎の言葉を信じれば、この当時、詩の調子が蒲原有明[69]風か上田敏調になっているということじゃないですか。しかもどうも上田敏調の方が

69　蒲原有明（1875–1952）　日本の詩人。薄田泣菫と並び日本の象徴派を代表する詩人。『春鳥集』、『有明集』等。

第6章　問いを発展させる　　169

重要そうです。」

とF君が答えました。確かにそうです。実は上田敏はヴェルレーヌもルコント・ド・リールもボードレールもまったく同一の文体で訳しています。そのためそれぞれの詩人の個性は失われ、その分、上田敏の文体とリズムというものが強く前面に出てきています。上田敏は作家の個性を文体によって表現し分けるということにあまり関心がなかったともいえます。上田敏の翻訳がいかにも上田敏というふうに強く思ってしまうのは、その独特の文体によると思います。上田敏の関心があったのは日本の風土に根ざした詩の形式とリズムと西洋的感性の融合です。そのため、原作者個人の個性や特性は後方へ押しやられてしまいます。いわば日本の詩形に西洋詩を当てはめ、日本と西洋を通底させることが問題だったのです。この西洋の詩と通底させるために上田敏が重要だと考えたのは、音数、韻律でした。

　上田敏は「是非とも、やはり言語其物に潜む律を発見して、此途を便に感情を通はさねばならない」（「独語と対話」）と日本語という言語に潜む律、つまりリズム、音楽性を見つけることを考え、その結果、「国語の性質上より自然に生じて来た詩形は、其国語に非常な大変動がない以上、動かすことが出来ない。是から新詩形が出るにしても、所謂七五、五七は勢力を失ふまいと思ふ。［……］今日の日本に於ては所謂七五、五七、或はもつと細く、三二、或は三四と分解し、結合して新詩形を器械的に、研究し、或は製作する」（「春鳥集合評会」）と、七五、あるいは五七調が日本語の本来の律であるとしました。上田敏が七五にこだわり、そのリズムで翻訳を手がけた結果、「一様に上田敏調になつてしばしば甲乙差異甚しかるべき詩人等の作が同一の作であるかと疑はれる程の筆の滑りすぎも見られる」（日夏耿之介[70]『明治大正詩史』）と皮肉を言われたりもしたのです。しかしこの上田敏の影響力は大きく、誰しもが上田敏調になっていったことは西脇順三郎が証言している通りです。

70　日夏耿之介（1890–1971）　日本の詩人、翻訳家、英文学者。独特な文体で後の三島由紀夫や澁澤龍彦に影響を与えた。『転身の頌』、『黒衣聖母』、『明治大正詩史』等。

「さてここから何がいえるでしょうか」
　そう問いかけて、学生に議論してもらいました。
「上田敏にとって翻訳は、原詩のメッセージ性よりも、型の方が大切で日本の詩型に西洋の詩を当てはめることが重要だったと思います」
「そうすると、ある意味、上田敏は日本の翻訳詩のモデルを作ったってことかな」
「でも待って。西脇順三郎は翻訳のことをいっているんじゃなくて、詩のことをいってないかい」
「えっ、じゃあ、もしかして、上田敏って翻訳詩の基本モデルだけじゃなくて、創作詩のモデルにもなってんのかな」
「そうじゃなきゃ、こうなんないよね」
　そうです、実は上田敏の影響力は、翻訳詩にとどまらず、創作詩にまで及んでいたのです。そのため、翻訳にしても創作にしても皆一様に上田敏をモデルにしたため、上田敏調の詩になってしまったということです。こう考えると、上田敏の影響力というものがいかに大きいか分かると思います。西脇によればそれを打破してくれたのが萩原朔太郎の『月に吠える』なのです。萩原は詩とは型ではないはずだ、ということをその口語自由詩で実践し、上田敏以来の伝統に風穴をあけたのです。
「そうすると、翻訳に限って考えてみると、原作者に特有のものは排除して、翻訳の型が前面に出てくることになると……、なるほどそれで原作者にかかわらず、統一された文体になってしまうのか」
「それって、詩人や翻訳者は一度、文体を決めたら、それで通すってことかな。文体上の実験はしない」
「ちょっと極端な言い方かもしれないけど、要するにそういうことだよね」
「あれっ、じゃあ、この春山行夫の中原中也評はどうなるかな」

　　文語と口語、雅語と俗語、全く無秩序で、これがいやしくも詩人の手になつたものとは到底想像もつかない。
　　　　　　　　　　　　春山行夫「中原中也訳『ランボオ詩集』」

実はこれは中原中也が訳した『ランボオ詩集』の批評なのです。『ランボオ詩集』は中原が仏和辞書片手に悪戦苦闘して訳したものですが、上田敏やその後の鈴木信太郎のような統一された特徴的な文体は見られません。むしろ、それぞれの詩篇にあった文体を採用しているように見えます。それが春山には破廉恥なものに映ったのかもしれません。
「これを『時こそ今は……』に当てはめたらどうなるだろう」
「文体、めちゃくちゃ……、上田敏調、文語体、雅語、口語、文体の展覧会ですね、これは」
「つまり中原中也は上田敏の作った詩の伝統からすると、明らかにルール違反をしていることにならないかな」
　上田敏調である文語、雅語に対して、口語や俗語が現れる中原の文体は、春山行夫の指摘がそのまま当てはまるでしょう。
　しかし日本の近代詩に関心のなかった西脇順三郎、それを打破した萩原朔太郎、文体がめちゃめちゃな中原中也、彼らはみな同世代人です。ここに共通して見られるのは上田敏が作り上げた近代詩の伝統を乗り越えようとする、詩の刷新運動といえるものです。この破廉恥さ、あるいは「ギコチなさ」が詩の次の世代の第一歩だったのです。
　さあ、そうするとこの「時こそ今は……」は中原にとっては上田敏を超克するための実験詩の意味合いが強いものであった可能性が出てきます。単なる恋愛詩であることを超えて、一種の実験詩、新しい詩の模索の一つであったと解釈することができるのではないでしょうか。

【講評】　間テキスト性とは何か

　今回の中原中也の上田敏の訳詩の取り込みは、「間テキスト性」と呼ぶことができます。何やら難しそうな言葉が出てきました。「間テキスト性」なる言葉は、ブルガリア出身で、現在、フランスで活躍しているジュリア・クリステヴァ[71]が1966年に提唱した概念ですが、その後さまざまに解釈されて今日まで用いられている概念です。ざっくりというと

71　ジュリア・クリステヴァ（1941–　）　ブルガリア出身のフランスの哲学者、精神分析学者。『セメイオチケ』、『詩的言語の革命』等。

あらゆるテキストは先行するテキストを借用したり、変形して内包しているということです。作者はこれを意識的、無意識的に行います。読者もテキストを読解する時、外部のテキストを参照することになります。具体的な例を出してみましょう。フランス19世紀の詩人ロートレアモン[72]の「ポエジーⅡ」の冒頭部分を見てみましょう。

　　天分は心情の能力を保証する
　　人間は魂に劣らず不死である。
　　偉大な思想は理性から来る！
　　友愛は神話ではない。
　　生まれてくる子供たちは人生について何も知らない。偉大さについ
　　　てさえも。
　　不幸にあって、友人は増える。
　　汝、入らんとする者よ、いっさいの絶望を捨てよ。
　　善きもの、汝の名は人間。
　　ここにこそ民衆の知恵は宿っている。
　　　　　　　　　　　　ロートレアモン「ポエジーⅡ」（石井洋二郎[73]訳）

不思議な詩ですね。ですがもっと不思議なのはロートレアモンが先行する作家の文章を部分的に書き換えて借用していることです。たとえば3行目の「偉大な思想は理性から来る！」はフランスのモラリスト、ヴォーヴナルグ[74]『省察と箴言』の「偉大な思想は心情から来る」から採ってきたものであり、6行目「不幸にあって、友人は増える」はやはりヴォーヴナルグの「繁栄にあって、友人はほとんど得られない」であり、7行目「汝、入らんとする者よ、いっさいの絶望を捨てよ」はダン

72　ロートレアモン（1846–1870）　生前は無名だったが、アンドレ・ブルトンらシュールレアリスムの詩人らによって再評価。『マルドロールの歌』、『ポエジー』。
73　石井洋二郎（1951– ）　日本のフランス文学者。東京大学教授。専門はロートレアモン。『ロートレアモン　越境と創造』等。
74　リュック・ド・クラピエ・ド・ヴォーヴナルグ（1715–1747）　フランスのモラリスト。ロマン主義の先駆とされる。『省察と箴言』等。

第6章　問いを発展させる　　173

テ[75]『神曲』の「地獄篇」第三歌「汝、入らんとするものよ、いっさいの希望を捨てよ」、8行目「善きもの、汝の名は人間」はシェークスピア[76]『ハムレット』の「弱きもの、汝の名は女」です。どうでしょう、ほとんどすべて誰かからの借用、あるいはその変形です。ロートレアモンのやっていることと中原中也が「時こそ今は……」で行っていることは似ていませんか。

中原中也の「時こそ今は……」には間テキスト性が見られるというのが分かると思います。この場合、中原中也は意図的に間テキスト性（もちろん彼はこんな用語を知っていたわけではありませんが）のテキスト操作を行っています。

この間テキスト性の発見から、作者の意図や無意識に分析を進めていくことが可能になるでしょう。あるいはテキストの構造そのものに焦点を当てていくことができると思います。

75　ダンテ・アリギエーリ（1265–1321）　イタリアの詩人、政治家。イタリア最大の詩人、ルネサンスの先駆といわれる。『神曲』等。
76　シェークスピア（1564–1616）　イギリスの劇作家、詩人。イギリスのルネサンスを代表する人物。『ハムレット』、『オセロ』、『ヴェニスの商人』等。

第7章
クリティカル・リーディングから論文へ

これまでは、テキストを正確に把握して、その上で「あれっ？」や「おやっ？」と思ったところから「問い」を立て、それを検証し、さらに発展させて論を考えるということを見てきました。
　最後にこうした一連の作業を最終的に公表する、つまり書評やレポート、それから大学4年生になれば、卒業論文ということになるでしょう、そうした時の流れの一例を示して、この本を終わりにします。実は短い書評のようなものから卒論のような大部の論文まで、テキストを分析して論じるということでは、発想は一緒なのです。ですから短いレポートであってもテキストを論じることができれば、卒業論文はその応用にすぎませんので、恐れるべきものではなくなるはずです。
　今まで考えてきたことを論にする場合、次のような流れで構築するとよいでしょう。

1　問いから仮説を立てる。
2　立てた仮説を検証する。
3　検証から導き出されたものを発展させるか、疑問を呈示するか明らかにした上で論を構築する。
4　結論を導き出す。

　ここでは19世紀のフランスの作家のピエール・ロチ[77]の『お菊さん』をテキストに使って、クリティカル・リーディングから論文・レポートへ発展させる例を見てみましょう。

◉　問いを立てよう
　ピエール・ロチは19世紀の半ばにフランスのノルマンディー地方に生まれ、成人後、海軍に入隊、世界各国を見聞して回ります。その中でトルコでの体験を小説にしたところ、これが大ヒットし、海軍将校で

---

[77]　ピエール・ロチ（1850–1923）　フランスの小説家、海軍士官。世界各地を巡った経験をもとに小説、紀行文等を執筆。『アジヤデ』、『ロティの結婚』、『アフリカ騎兵』等。

あると同時に流行作家となりました。これ以降、彼は自分の行く先々の土地で体験したことや見聞したことを題材にした小説を書いていくことになります。彼は日本には二回、来ています。一回目は1885年で、このときは鹿鳴館の舞踏会にも参加しています。もう一回は1900年から1901年にかけてです。そしてこの二回の日本体験から彼は三つの文学作品を生み出します。『秋の日本』『お菊さん』『お梅が三度目の春』です。このうちここで取り上げるのは『お菊さん』です。『お菊さん』のストーリーは比較的単純です。長崎に寄港したフランス海軍の軍艦に乗船していた海軍将校が、長崎の日本人女性の「お菊さん」を滞在中、妾にして囲うという話です。このパターン自体はポピュラーなもので、たとえば同じような状況で物語が展開するのはプッチーニ[78]が作ったオペラ『蝶々夫人』です。要は欧米の無責任な男と日本人女性の話です。これがこの手のテキストの下に潜む共通の基本構造ということになります。

　書かれた内容に日本人が反発を覚えることはすでにこの作品を訳した野上豊一郎[79]自身も感じていたらしく、「日本人の大部分には喜ばれそうには思われない」といっています。実際、テキストは19世紀末の人種論的な視点をはらみ、日本人がかなり矮小化され、そして差別的に描かれています。

　たとえば、「肌が黄色くて、黒い髪で、猫のような目をした女」「背の高さが人形ぐらいのをね」「だがまあ、揃いもそろって、この人間たちの何と醜く、卑しく、異様なことだろう！」そして「勤勉で、器用で、利にさとく、根っから人に媚び、安物が身にしみこんで、猿まねの抜けない、このお辞儀ばかりしている小さな人々の群れへの、軽い嘲りの微笑み」等々。このテキストを読んでいると、いくら150年以上前のこととはいえ、あまりにも西洋人が日本人をひどく描いていることに生理的な嫌悪感や反発を感じるかもしれません。しかしここで民族意識に火をつ

78　ジャコモ・プッチーニ（1858–1924）　イタリアの作曲家。オペラ作品に『トスカ』、『蝶々夫人』、『ラ・ボエーム』等。
79　野上豊一郎（1883–1950）　日本の英文学者、能楽研究者。法政大学総長をつとめる。

けて、西洋人はけしからんでは身も蓋もないので、これ以外に何か引っかかるところはないか考えてみましょう。

するとちょっと、違和感のある箇所が目につきます。「領事館、税関、工場。ロシアのフリーゲート艦があたりを威圧するドック。丘の上には、別荘風の邸が建ち並ぶヨーロッパ人居留地が一望され、さらに岸壁には何軒かのアメリカ風の酒場」があると長崎の風景を描写している箇所なのですが、これらは「俗悪」と形容されています。それに対して「こんな俗悪なものを遠く離れた彼方には」「おそらくは本当の、古い日本の長崎が、なおも滅びずに、まだあそこにあるのだ」とも書いてあります。変な気がしませんか。日本人を醜悪に描き、多分、領事館や税関、工場は煉瓦などでできている近代的な洋風建築だと思います。でもそうした近代的な建物群の裏にあるのは、江戸時代までの古い農村や町の風景です。あれだけ日本人のことを醜悪に書いているのに、風景に関しては古い日本が西洋よりも素晴らしいといっているような気がしませんか。

ロチは日本人を黄色いこびとのように描き出す一方、日本が近代化を進め、ヨーロッパ風の（おそらくはヨーロッパの植民地風の）町並みになっていった光景は俗悪として、近代以前の日本の風景をあたかも理想郷のように賞賛します。この矛盾するような記述は確かに変な感じがします。まず、このことを検証してみましょう。『お菊さん』の矛盾した記述は、ヨーロッパの一方的な幻想の産物ということが考えられます。

> **ポイント**
> まずは問いを立ててみよう。問いの立て方にはどのようなものがあったか復習してみましょう。

◉　検証してみよう。

問いができたら、その問いを検証してみましょう。

ここではこの小説が幻想の日本を表象しているということを検証します。そこでまず、ミシェル・フーコーから強い影響を受けたアメリカの

研究者、サイード[80]の「オリエンタリズム」という概念を用いて考えてみましょう。

　サイードは近代化を完了したヨーロッパが植民地主義に転じた後、ヨーロッパがどのように非ヨーロッパ地域を見ていたかということをさまざまな歴史資料、文学作品、絵画作品などをもとに明らかにします。そこで彼は優位に立つヨーロッパと劣位にある非ヨーロッパがさまざまな隠喩的な二項対立で語られることを明らかにし、これを「オリエンタリズム」と呼びました。この二項対立は、男性的／女性的、理知的／感性的、能動的／受動的といったものです。もちろん男性的で、理知的で、能動的なのはヨーロッパで、女性的で、感性的で、受動的なのは非ヨーロッパなのです。そして、男性的で理知的なヨーロッパが、感性的で女性的な非ヨーロッパを保護するという、ヨーロッパ優位の図式がいたるところで見受けられることを彼は論じています。さらにこれを支えているのが男性原理であることは間違いありません。

　「私」という海軍将校、つまり男が日本人女性の「お菊さん」を見下しつつ保護するという図式が男性原理に基づいたヨーロッパ優位の視点です。「私」が金銭的に保護をするという物語の構造が端的にこのことを表しています。そしてこの「私」とお菊さんの関係はそのままフランスと日本の関係の隠喩となっています。

　またサイードはオリエンタリズムのもう一つの特徴に、想像からくる「偉大な過去」というものがあると述べています。つまり非ヨーロッパ地域ではモダンで西洋風なものは嘲笑、侮蔑の対象でしかなく、近代以前の古い文明の名残にその民族の価値を見出すのです。そのため西洋化された日本は醜悪で侮蔑の対象でしかなく、江戸時代の光景はまるで理想郷のような扱いを受けることになります。ヨーロッパよりも優位な文化が過去にあったが、それは近代化、あるいは西洋化によって失われたか、進歩を止めたかのいずれかにあると考えていたわけです。

80　エドワード・サイード（1935–2003）　パレスチナ系アメリカ人の文学研究者、批評家。オリエンタリズムの理論を確立。『オリエンタリズム』、『文化と帝国主義』等。

さあ、こうしてみると『お菊さん』はサイードのオリエンタリズムでほぼ説明のついてしまう話になってしまいます。無責任で上から目線の西洋男の日本体験という意味では典型的なオリエンタリズムの小説といえます。
　この検証は、先行研究と関係します。レポートなどでは定説としていわれているような学説などに目配りをしていて、そうした成果も踏まえていることを、簡単でもよいので触れる必要があります。ここではサイードの『オリエンタリズム』です。

> **ポイント**
> 問いを立てたらその問いを検証してみよう。

◉ 先行研究を論駁してみよう

　さあ、今度はこの先行研究に基づいた検証に対する論駁を考えましょう。まずは自分が検証した先行研究に対して、自分がその延長線上にいるのか、疑問を呈しているのか明らかにしましょう。ここからが本論ということになります。

> **ポイント**
> 先行研究を基準にして、自分のスタンスを決めると論は組み立てやすい。

　確かに『お菊さん』はサイードの定義に当てはまりすぎるぐらい当てはまります。しかしヨーロッパの男性優位というのがオリエンタリズムの特徴なのですが、『お菊さん』を読んでいると違和感を感じるところがあります。それは優位に立っているはずの「私」は何だかいらいらしたり、お菊さんを好きではないといったかと思うと、一番可愛いといったりして、保護をしているのか、そうでないのか、不安定で不可解なところが出てきます。ヨーロッパ優位の視点から書かれた小説にもかかわらず、ヨーロッパの人間が居心地悪そうなのです。どうもヨーロッパから

見た都合のよい日本という単純な話ではなさそうだ、この居心地の悪さは何だろうか、ということが検証に対する新たな問いになります。

「私」が優位に立っている例は「私は私を娯ますために彼女〔＝お菊さん〕を選んだのである」といった表現やお菊さんたちを「人形(プウペ)」と呼んでいることから分かります。しかしどうも「私」は楽しそうではありません。

> クリザンテエム〔＝お菊さん〕は例外である。何となれば彼女は憂鬱であるから。どんなものがあの小さな頭の中に浮んだりするのだらう？　私が彼女の言葉について知り得るところのものは、まだそれを発見するに不十分である。それに、彼女の頭の中に全然なんにも起こらないことは一に対する百ほど確かである。──よしんばまた、何かがあるとしたところで、それは私にとつて同じことだらう。
>
> 　　　　　　　　　　ピエール・ロチ『お菊さん』（野上豊一郎訳）

あるいは

> 私たちの古い屋根に落ちる雨の音が聞こえて来る。蝉は沈黙して居る。湿つた大地の香気は庭からも山山からも薫つて来る。私は今夜はこの住家の中にあつて、ひどく、くさくさして居る。小さい煙管(パイプ)の音も習慣になつてゐる以上に私を腹立たせる。さうして、クリザンテエムが煙草盆の前にうづくまる時には、私は最も悪い意味に於ける peuple〔下民〕の風を彼女に見る。
>
> 　　　　　　　　　　　　　　　　　　　　　　ロチ前掲書

この「私」は、一方で、お菊さんを保護し養っていて、それを可愛いといったり、おしとやかといったりしています。たとえば「彼女はしとやかである、クリザンテエムは。これは争へないことである」といっています。もっともここには葛藤があり、この段落の最後は「実際は、いや、私は決して魅せられてゐない。それはクリザンテエムに過ぎないの

第7章　クリティカル・リーディングから論文へ　　181

である。どうしたつて彼女なのである。彼女でなくて何者でもないのである。周旋人のカングルウが私に供給してくれた、姿も思想も小まちやくれた、あの笑うべき小さな女に過ぎないのである」と結ばれています。

　こうした場合、当時のヨーロッパでお菊さんのような立場の女性を描いた小説と対比的に見てみると、何かが浮かび上がってくる可能性があります。この当時、フランス社会で同じように男性に養われている境遇の女性はといえば、アレクサンドル・デュマ・フィス[81]の書いた『椿姫』の主人公、椿姫、エミール・ゾラが書いた『ナナ』の主人公、ナナなどが挙げられます。彼女たちはいずれも社交界に出入りし、男性の庇護のもとに生活をしている「ドゥミ・モンド」といわれている高級娼婦です。このうちナナを例に取ってみましょう。ナナは計算高く、男性の関心を引くために教養を身につけ、きらびやかな衣装や宝石をまとい、自尊心が高く、自由奔放で時には男性を拒絶します。そして彼女が納得し、合意してはじめて、その男性の庇護のもとに入ることになります。しかし庇護に入ったからといって男性に従属しているわけではなく、要求もすれば意見もいうことになります。そのため男女の関係は常に何かの駆け引きのゲームになってきます。おそらく「私」の前提とする女性とは、こうした駆け引きをしていかないと我がものにならない女性です。ところが「お菊さん」は無教養ですし、打算はほとんどありませんし、贅沢な身なりをするわけではありません。そして何よりもお菊さんは男性の細々とした世話をする存在なのです。どうもこれが居心地の悪さの原因のようです。一体、どういうことなのでしょうか。要するに西洋的でないということが不安にさせているようです。この西洋的でないということをもう少し具体的に分析する必要があるでしょう。

　東京大学の船曳建夫[82]が書いた『「日本人論」再考』という本の「第八章　母とゲイシャ――ケアする女たち」という章からヒントを見つけることが可能でしょう。そこではゲイシャにしても母親にしても、近代以

---

[81] アレクサンドル・デュマ・フィス（1824–1895）　フランスの作家。同名の父アレクサンドル・デュマの私生児。代表作は『椿姫』。
[82] 船曳建夫（1948– ）　日本の文化人類学者。東京大学名誉教授。小林康夫とともに『知の技法』を編纂。

前に女性に求められていたことは「世話をする」ことだということです。この「世話をする」というのは、評価はともかく、この当時まで女性に求められていた最大の役割でした。女性はどのような階層であれ、子供から大人まで男性の面倒をみて、世話をする存在だったのです。女性論の観点からすれば、明らかに男性が女性を抑圧しています。この「世話をする」ということは家事から性的なことまであらゆることを含みます。男性は子供から老人まで、基本的に母親に甘えるように、女性がする世話に身を委ねることになります。これが『お菊さん』に当てはまる可能性があります。

　女性が「世話をする」日本社会で、「世話をされる」ことに西洋人の男性は不安を覚えるのです。つまりヨーロッパにない文化にさらされて、どう対処していいのか分からないのです。実際、ヨーロッパ人である「私」は、はからずもお菊さんや日本の女性に恋人や愛人ではなく子供の世話をする母親のイメージを見出しています。

> 　　……ほんたうに、全く下司ばつた歩き方だ。併し下司ばつたと言ふ言葉の最上の意味に於いてである。その中に私を不快にするものは少しもない。私はクリザンテエムが竹サン(バンブウ)に対する愛情の純朴で且つ気持ちよいこともまた見出すのである。
> 　　その上何人も日本人にこの特長のある事を拒むわけには行かない。即ち小さな子供を可愛がること。子供をあやしたり、笑はしたりする技倆。滑稽なおもちやを発明すること。生涯の発端に於いて彼らを快活にすること。髪を結つてやつたり身仕舞をしてやつたりして、子供の顔つきを出来るだけ愛らしくしてやる真正の特質あること。
> 　　　　　　　　　　　　　　　　　　　　　　　　ロチ前掲書

　竹サン(バンブウ)とは、お菊さんの末の弟なのですが、ここは「お菊さん」が自分の子供のように面倒をみている場面です。
　一方、フランスでなら、知的な会話を楽しんだり、何かの駆け引きをして小さな緊張を作ったりするのが、こうした所謂愛人宅での遊戯なわ

第7章　クリティカル・リーディングから論文へ　　183

けですが、お菊さんの住む日本家屋では、彼女がただ「私」が来るのを待っていて、来ると世話をするだけなのです。実際、主人公は彼女が世話をするだけということが理解できなくて不安になっているようです。「私」は同僚のイヴとお菊さんの間に恋愛感情が生まれたと邪推しているところに台風のため軍艦を避難させたりして、しばらくお菊さんの家に行かずにいた後、訪ねていった場面です。

> 　私がはひつて行くと、彼女は出て来て私を抱擁する。少しく躊躇した風で。でも、やさしく。オユキも両腕で私に絡み附く。これはもつと無遠慮に。
> 　さうして私は不快を感ぜずに、殆どその存在すら忘れてゐたこの日本の住家を再び見る。この家がまだ私のものであるのを見ては私は怪現な感じにさへ打たれる。
>
> 　　　　　　　　　　　　　　　　　　　　ロチ前掲書

お菊さんが「私」を待っているということが「私」には奇異な印象を植え付けたというのです。

　ところで、世話をするとは、言い方を換えれば、保護をするということです。保護するのは、優位に立っている西洋人の男性のはずです。その保護する者と保護される者との関係が、「世話をする」ということで揺らいでしまう、場合によっては逆転しかねない状況になっています。そう、西洋的でないものとは、男性が世話をされる、すなわち保護されるという関係です。このため不安を覚えたり、居心地の悪さが生み出されたりします。

　「私」の居心地の悪さは、この対立軸が揺らいで境界線が曖昧になっていったことだったのです。そしてそれがどのようになっていくかも考えなくてはなりません。それが結論になります。

　驚いたことに、やがて「私」は世話をされることを受け入れようとし始めます。

……今一つの事件は、暑気あたりで私が頭痛のしてゐる時であつた。私は蛇の皮の枕に頭を休ませながら畳の上に横たはつてゐた。目がかすんでゐたので、何もかも廻轉してゐるやうに私には見えた。見晴らしのよい縁側(ヴェランダ)も、夕方の耀いてゐる大きな空も。空には奇妙な紙鳶がいくつも揚がつてゐた。さうして私の身体は空気を充たして啼いてゐるセミの声につれて苦しく震動してゐるやうな気持であつた。
　彼女は私の傍にかがんで、彼女の小さい拇指で力のありたけ私の顳顬を押へながら、また、錐で其処を揉み込むやうに、その拇指をまはしながら、日本人の方法で私を治さうとするのであつた。彼女はこの力仕事で真赤になつてゐた。そのおかげで私は阿片の徴酔に似たやうな感じで、実際に安らかになることが出来た。
　それからもしや私が発熱せねばよいがと心配して、彼女は紙の上に書かれた利き目のある護符を彼女の指の間で丸薬のやうに丸めて、それを私に食べさせやうとした。それは彼女が大事に片一方の袂の中にしまつて置いたものであつた。……
　さて、私は笑ひもせずにその護符を嚥み下した。彼女の心を傷けないやうに、彼女の小さな滑稽な信仰を動揺させないやうに。……
ロチ前掲書

　ここではまず、ヨーロッパ人の「私」が、病気になったとはいえ、世話をされ、守られることを受け入れていることに注目しましょう。こうしたいくつかのエピソードが、ヨーロッパ対非ヨーロッパの対立の境界線にひびを入れ、曖昧にしていきます。ヨーロッパの中に非ヨーロッパが侵入してくるわけです。いやむしろ逆転し始めるのです。保護し養うのはヨーロッパの男性であったはずなのに、今や保護し養っているのは女性であるお菊さんなのです。それはヨーロッパの男性が持っていた駆け引きと契約で女性を保護のもとに置く、というシステムとは異なる日本社会の「世話をするシステム」が、たとえ西洋人相手であっても、請われることなく作動していたからといえるでしょう。船曳はこういっています。「西洋の男たちは、西洋の男の視点から日本の女を捉えながらも、

第7章　クリティカル・リーディングから論文へ

逆に日本のシステムの中の男としても取り込まれている」と。

　この境界線の揺らぎは、護符を丸めた丸薬を飲むということにも表れているでしょう。仏教をはじめとする日本人の信仰を批判的に捉えている「私」が、日本風の予防薬を飲む、すなわち受け入れているのです。あるいはお菊の末弟の「竹サン(バンブウ)」を背負う羽目になった「私」は「この道をムスメ［＝お菊さん］一人の手を引いて登ることさへ欲してゐない私が、今現に、まだその上に、私はその背中には一人のムスコを背負つてゐる。……何といふ皮肉な運命だらう！」と、背負うという習慣のないヨーロッパ人が子供を背負うことを拒絶するのではなく、いやいやながらも受け入れています。この小説を次のようにまとめてみましょう。「私」はお菊さんを受け入れようとするのですが、その度に、それをいちいちヨーロッパ的な視点から批判をしてヨーロッパ対非ヨーロッパというオリエンタリズムの対立軸を何とか維持しようとするのですが、ともするとオリエンタリズムの対立軸は揺らぎ、消失してしまうことを表した小説であるといえるでしょう。『お菊さん』は一種のヨーロッパと非ヨーロッパの闘いですが、やがてその境界が曖昧になり、逆転してしまう小説です。もちろん完全に逆転はしません。「私」は去っていくのですから。このもやもやした対立を心の中に抱きながら。ですが優位にあったと思われた男性＝ヨーロッパ優位の世界が、揺らぎ、逆転するような危うさをこのテキストははらんでいることになります。

◉　まとめてみると……

　ここまで行ってきたことを簡単にまとめておきましょう。最初に何らかのモデル、ここではサイードのオリエンタリズムを一度示し、そこに見られるモデルが揺らぎ、一方がもう一方に侵入していくという境界線の消失のような現象が起きていることを示しました。こうして問題提起があり、それに対してどのような読みがまず可能かを示し、さらにそれに反駁する形で新たな読みを提示しています。

　では、ここまでの流れをまとめて、レポートにしてみましょう。

曖昧になる境界線　ピエール・ロチ『お菊さん』読解の試み

はじめに

　ピエール・ロチの『お菊さん』は、海軍将校であった作者が日本に滞在した時の体験に基づいて書かれた小説である。物語自体はフランスの海軍将校の「私」がお菊さんという女性を愛人として、長崎で過ごしたことを日記風に淡々と綴ったものであり、ドラマチックな展開はない。しかしだからといって外国人との恋愛小説でもない。19世紀末の人種論的な視座を含み、西洋の優位と東洋の劣位がはっきりと現れている小説でもある。それは作品中にちりばめられた「肌が黄色くて、黒い髪で、猫のような目をした女」「背の高さが人形ぐらいのをね」「だがまあ、揃いもそろって、この人間たちの何と醜く、卑しく、異様なことだろう！」「勤勉で、器用で、利にさとく、根っから人に媚び、安物が身にしみこんで、猿まねの抜けない、このお辞儀ばかりしている小さな人々の群れへの、軽い嘲りの微笑み」といった表現から理解することができる。

　ところが一方で、「領事館、税関、工場。ロシアのフリーゲート艦があたりを威圧するドック。丘の上には、別荘風の邸が建ち並ぶヨーロッパ人居留地が一望され、さらに岸壁には何軒かのアメリカ風の酒場」があると長崎の風景を描写し、これらを「俗悪」と形容している。それに対して「こんな俗悪なものを遠く離れた彼方には」「おそらくは本当の、古い日本の長崎が、なおも滅びずに、まだあそこにあるのだ」と、古い理想郷的な日本に対する憧憬が書かれている。一方で、日本人を醜悪に描き出し、もう一方で、それと矛盾するように近代以前の古い日本への憧憬を表明しているということが、『お菊さん』からまず浮き彫りにすることができる。

『お菊さん』のオリエンタリズム

　この一見して矛盾する要素を、どのように整理すべきであろうか。

ここでは紙幅の関係で細かい分析を展開することはできないが、「私」は男性的で、理知的で、能動的であるといえる。一方のお菊さんは女性的で、感性的、受動的ということができる。しかも19世紀末の発想からすると男性優位、ヨーロッパ優位という思い込みがヨーロッパにあった。このことを説明するには、サイードのオリエンタリズムの概念が有効であろう。近代化を成し遂げたヨーロッパは、植民地主義に転じるが、そのときヨーロッパがどのように非ヨーロッパ地域を見ていたかということをサイードは問題にしている。サイードによれば優位に立つヨーロッパと劣位と見なされた非ヨーロッパは次のような二項対立で隠喩的に表現されている。すなわち男性的／女性的、理知的／感性的、能動的／受動的等々。いうまでもなく男性的で、理知的で、能動的なのはヨーロッパで、女性的で、感性的で、受動的なのは非ヨーロッパである。この隠喩的な二項対立をオリエンタリズムとサイードは名付けている。そして男性的で理知的なヨーロッパが感性的で女性的な非ヨーロッパを保護するというヨーロッパ優位の図式が『お菊さん』のいたるところで見受けられるのである。男性であり、戦時にあたっては冷静に理知的な判断を下す軍人であり、能動的に行動する「私」と、女性であり、無知に近く、感性的な行動をし、いつでも「私」に従うお菊さんとの関係は、オリエンタリズムの視点からすると、ヨーロッパと非ヨーロッパを隠喩的に表現したことになる。

　またオリエンタリズムのもう一つの特徴に想像からくる「偉大な過去」というものがある。つまり非ヨーロッパ圏では、モダンで西洋風なものは嘲笑、侮蔑の対象でしかなく、その土地の古い文化や光景に理想を見出すのである。

　開港されて近代化が進んでいた長崎の光景よりも、その奥に広がる江戸時代までの長崎の原風景のほうを評価するのも、「偉大な過去」の幻想のヴァリエーションと見てよいだろう。

　こうして見ると『お菊さん』は、オリエンタリズムの公式に当てはまる小説といえるだろう。

揺らぐオリエンタリズム

　この西洋人が無意識に持っているオリエンタリズムの図式から『お菊さん』を読解することは可能であるが、しかし奇妙なことに「私」の優位が揺らいでくる瞬間がテキストには見られる。「私」は優位に立って恋愛遊戯を演じているはずなのに「彼女は憂鬱である」とネガティヴな表現をせざるを得ない居心地の悪さが「私」にはある。この背景にはたとえばエミール・ゾラが書いた『ナナ』の主人公、ナナとお菊さんとが根本的に異なっている点がある。ナナは社交界に出入りし、男性の庇護のもとに生活をしている「ドゥミ・モンド」といわれている高級娼婦という身分である。彼女は計算高く、男性の関心を引くために教養を身につけ、きらびやかな衣装や宝石を身にまとい、自尊心が高く、自由奔放で時には男性を拒絶する。そして合意できた男性の庇護のもとに入る。しかし庇護に入ったからといって男性に従属しているわけではなく、要求もすれば意見もいう。そのため男女の関係は常に何かの駆け引きのゲームになってくる。おそらく「私」の前提とする女性とは、こうした駆け引きをしていかないと我がものにならない女性であろう。ところが「お菊さん」は無教養で、打算はほとんどなく、贅沢な身なりをするわけでもない。ではお菊さんの役割は何かといえば、男性の細々とした世話をすることである。これが居心地の悪さの原因と考えられる。それに対して、「私」は腹を立てたり、見下したりする。煙管の扱いについても「小さい煙管（パイプ）の音も習慣になつてゐる以上に私を腹立たせる。さうして、クリザンテエムが煙草盆の前にうづくまる時には、私は最も悪い意味に於ける peuple〔下民〕の風を彼女に見る」といらいらするかと思えば、子供を背負う習慣に対して、「ほんたうに、全く下司ばつた歩き方だ。併し下司ばつたと言ふ言葉の最上の意味に於いてである。その中に私を不快にするものは少しもない」と納得をしたりしている。こうして居心地の悪さを「私」優位の目線に置き換えることで解消しようとする。船曳建夫によれば、日本ではゲイシャにしても母親にしても、近代以前に女性に求められていた

ことは「世話をする」ことであるという。女性は子供から大人まで男性の面倒をみて、世話をする存在だったのである。女性論の観点からすれば、明らかに男性が女性を抑圧しているのだが、この世話をするということは家事から性的なことまであらゆることを含む。男性は子供から老人まで、基本的に母親に甘えるように、女性がする世話に身を委ねることになる。

「私」とお菊さんの関係もこの世話をするという観点から捉えることが可能である。ところがこの世話をするということは男性を保護することでもあるので、西洋人が無意識に持っている男性優位、ヨーロッパ優位の状況が崩れかねないのである。つまり保護するはずであった西洋の男性が保護される立場に回ってしまうのが、お菊さんと過ごす時間なのである。そのことに対する反発が、苛立ちや居心地の悪さを生み出しているといえる。

越境する東洋

こうしてヨーロッパ、男性優位の図式が揺らぎ始める中で、「私」は抵抗することを止め、これを受け入れていこうとする動きさえ見せ始める。そのことを象徴的に表しているのは熱を出した「私」のためにお菊さんが看病をする場面である。「私」はお菊さんに身をゆだね、世話をされるがままになっています。

さらに素朴で迷信に近い病気の予防法さえも受け入れている。ここでは「私」は越境してきた日本的なシステムのなかに完全に取り込まれている。こうした例はいくつも見かける。子供を背負う習慣がなく、それを「下司ばつた歩き方」と批判的に捉えていた「私」が子供を背負うことになってしまう場面などからも見て取ることができるだろう。

終わりに

こうして見ると『お菊さん』という小説は、西洋の男性が、日本人の女性と一時的に生活を共にし、やがて去っていくという『蝶々

夫人』と同じようなパターンを有する小説でありながら、実は「私」とお菊さんの関係は、ヨーロッパ対非ヨーロッパの闘いで、優位であったはずのヨーロッパ、そして男性原理が揺らぎ、逆転しかねない状況に追い込まれていくことを描き出した小説と読み換えることができるものなのである。

おわりに

　さて、私たちは、「あれっ？」や「おやっ？」というちょっとした疑問から問いを作り上げ、それをもとにテキストについて議論をし、最後はレポートまで作成してきました。こうした一連の作業は何だったのかもう一度考えてみて、この本を閉じることにしましょう。

　最初にクリティカル・リーディングは世界を読み換えることだと記しました。世界を読み換えるということは、それまで常識だったことが単なる約束事であって、普遍的な真理ではないことを露呈させます。このとき私たちは普遍的な真理だといっていたものが支配していた世界の外部に立っているともいえます。この外部に立つことはなかなか難しいですが、これを可能にするのがクリティカル・リーディングです。そしてこれが革命といってよいものです。革命とはそれまでの価値体系を抜本的に見直すことですから。

　これまで本書で試みてきたことは、私たちを無意識のレベルで支配している常識や思い込みなどからなる秩序体系に基づいたテキスト理解とはちょっと違うものを発見することでした。それはやや難しい言葉でいうならば、差異を見出すことだともいえます。この差異の発見からテキストの読み換えを行ってきたのがこれまでの例です。

　しかし注意しましょう。差異はあっという間に秩序の側に回収されてしまい、常識の領域に収まってしまいます。もしそうであれば、私たちはテキストを常に、絶えず読み換えていく必要があるでしょう。そしてデカルトは「世界という書物」という表現をとっていますが、世界、あるいは現象というテキストを私たちは常に読み換えていき、秩序に回収されてしまうことで抜け落ちてしまう視点を見出していかなくてはなりません。

　クリティカル・リーディングはそうした意味では、世界という秩序の外部に自身を置き、世界それ自体を批判的に捉える行為だということになるでしょう。

最後はやや大げさな表現になってしまいましたが、テキストを読むという行為が世界を読み換えることにつながるということをちょっと頭の片隅に置いて、テキストに向かいあってみてください。

　この本にいろいろな形で登場してくれた慶應義塾大学教養研究センター設置科目の「アカデミック・スキルズ」と同法学部設置科目の「人文科学特論」を履修した学生諸君には、私の授業につきあってくれたことに感謝の気持ちを表明しましょう。またクリティカル・リーディングの本を書いてみませんかと声をかけて下さり、遅々として進まない原稿を待ってくれた慶應義塾大学出版会の佐藤聖さんと木下優佳さんの忍耐力がなければ、この本の出版は実現していなかったと思います。お二人に感謝の言葉を捧げて、この本を終わりにしたいと思います。

　2015 年 9 月

大出　敦

参考文献

　主として本文中で使用したテキストを紹介しておきます。本文中では引用箇所の情報を提示しませんでしたが、この場を借りて、引用させていただいたテキストの作者、訳者には感謝申し上げます。

はじめに
佐々木中『切り取れ、あの祈る手を』河出書房新社、2010 年。
イタロ・カルヴィーノ『なぜ古典を読むのか』（須賀敦子訳）、河出文庫、河出書房新社、2012 年。
岡田温司『もうひとつのルネサンス』平凡社ライブラリー、平凡社、2007 年。
佐藤望他編『アカデミック・スキルズ　第 2 版』慶應義塾大学出版会、2012 年。

第 1 章
中原中也『山羊の歌』『新編中原中也全集第 1 巻』角川書店、2000 年。

第 2 章
大岡昇平「『堺事件』疑異」『大岡昇平全集第 19 巻』筑摩書房、1995 年。
大岡昇平「『堺事件』の構図」『大岡昇平全集第 19 巻』筑摩書房、1995 年。
大岡昇平『堺港攘夷始末』『大岡昇平全集第 13 巻』筑摩書房、1996 年。
森鴎外「堺事件」『鴎外全集第 15 巻』岩波書店、1973 年。
佐々木甲象『泉州堺烈挙始末』明治 26 年。

第 3 章
折口信夫「大嘗祭の本義」『折口信夫全集 3』中央公論社、1995 年。
『日本書紀』、『日本古典文学大系第 67–68 巻』岩波書店、1967–1968 年。
村井紀「マレビトの起源——〈死〉の鋳型」『反折口信夫論』作品社、2004 年。
『日本史 B』三省堂、2010 年。
関山直太郎『近世日本の人口構造　徳川時代の人口調査と人口状態に関する研究』吉川弘文館、1958 年。
関山直太郎『近世日本人口の研究』竜吟社、1948 年。
山口県立山口図書館編修『防長風土注進案第 1–22 巻』山口県立山口図書館、1960–1966 年。

網野善彦『日本の歴史をよみなおす（全）』ちくま学芸文庫、筑摩書房、2005年。
網野善彦『歴史を考えるヒント』新潮文庫、新潮社、2012年。
谷崎潤一郎『吉野葛』、『谷崎潤一郎全集第13巻』中央公論社、1982年。
市古みどり編著『資料検索入門』慶應義塾大学出版会、2014年。
広津和郎「文芸時評（昭和六年二月）」『広津和郎全集第9巻』中央公論社、1974年。
花田清輝「『吉野葛』注」『花田清輝全集第15巻』講談社、1978年。
白洲正子『かくれ里』『白洲正子全集第5巻』新潮社、2001年。
野村尚吾『谷崎潤一郎　風土と文学』中央公論社、1973年。
平山城児『考証吉野葛』研文出版、1983年。

第4章

野矢茂樹『新版論理トレーニング』産業図書、2006年。
野矢茂樹『論理トレーニング101題』産業図書、2001年。
戸田山和久『論理学をつくる』名古屋大学出版会、2000年。
夏目漱石『三四郎』『漱石全集第5巻』岩波書店、1994年。
夏目漱石『三四郎』角川書店、1997年。
ルイス・キャロル『不思議の国の論理学』（柳瀬尚紀編訳）、ちくま学芸文庫、筑摩書房、2005年。
末木文美士『日本宗教史』岩波新書、岩波書店、2006年。
和辻哲郎『倫理学』『和辻哲郎全集第10–11巻』岩波書店、1962年。
谷崎潤一郎『文章読本』『谷崎潤一郎全集第21巻』中央公論社、1983年。
小林秀雄「鍔」『小林秀雄全集第12巻』新潮社、2001年。
吉田健一『私の食物誌』『吉田建一著作集第19巻』集英社、1980年。
ヘーゲル『哲学の集大成・要綱　第一部　論理学』（長谷川宏訳）、作品社、2002年。
岩波哲男『ヘーゲル宗教哲学の研究』創文社、1984年。
ロジェ＝ポル・ドロワ『虚無の信仰』（島田祐巳、田桐正彦訳）、トランスビュー、2002年。

第5章

泉鏡花『高野聖』『鏡花全集』岩波書店、1940年。
ツヴェタン・トドロフ『幻想文学論序説』（三好郁朗訳）、創元ライブラリー、

東京創元社、1999 年。
ジャン＝リュック・スタインメッツ『幻想文学』（中島さおり訳）、文庫クセジュ、白水社、1993 年。
早乙女貢『會津士魂』新人物往来社、1985 年。
菊澤研宗『組織の不条理』ダイヤモンド社、2000 年。

第 6 章

ギュスタヴ・フローベール『感情教育（上）（下）』（生島遼一訳）、岩波文庫、岩波書店、1971 年。
ミシェル・フーコー「幻想の図書館」（工藤庸子訳）、『フーコー・コレクション 2』ちくま学芸文庫、筑摩書房、2006 年。
村上春樹「パン屋襲撃」『村上春樹全作品 1979–1989 ⑧』講談社、1991 年。
岩井克人『貨幣論』筑摩書房、1993 年。
長谷川泰子述・村上護編『ゆきてかへらぬ』講談社文芸文庫、講談社、1974 年。
小林秀雄「私小説論」『小林秀雄全集第 3 巻』新潮社、2001 年。
上田敏『海潮音』『上田敏全集』教育出版センター、1978 年。
シャルル・ボードレール『悪の華』（阿部良雄訳）、『ボードレール全集第 1 巻』筑摩書房、1983 年。
西脇順三郎「MAISTER 萩原と僕」『西脇順三郎コレクション Ⅵ』慶應義塾大学出版会、2007 年。
春山行夫「中原中也訳『ランボオ詩集』」『新潮』昭和 12 年 1 月号、1937 年。
ロートレアモン伯爵『ポエジーⅡ』（石井洋二郎訳）、『ロートレアモン全集』筑摩書房、2001 年。

第 7 章

ピエール・ロチ『お菊さん』（野上豊一郎訳）、岩波文庫、岩波書店、1951 年。
エドワード・サイード『オリエンタリズム（上）（下）』（板垣雄三・杉田英明監修、今沢紀子訳）、平凡社ライブラリー、平凡社、1993 年。
船曳建夫『「日本人論」再考』講談社学術文庫、講談社、2010 年。

著者略歴

大出　敦（おおで・あつし）

1967年栃木県小山市生まれ。慶應義塾大学文学部卒業、筑波大学大学院後期博士課程単位取得退学。慶應義塾大学法学部教授。専門はフランス文学（マラルメ、クローデル）。主な著書に『マラルメの現在』（編著、水声社）、『日本におけるポール・クローデル——クローデルの滞日年譜』（共編、クレス出版）、訳書にアレクシス・フィロネンコ『ヨーロッパ意識群島』（共訳、法政大学出版局）などがある。

アカデミック・スキルズ
クリティカル・リーディング入門
—— 人文系のための読書レッスン

2015年10月30日　初版第1刷発行
2024年12月19日　初版第5刷発行

監　修　　　　慶應義塾大学教養研究センター
著　者　　　　大出　敦
発行者　　　　大野友寛
発行所　　　　慶應義塾大学出版会株式会社
　　　　　　〒108-8346　東京都港区三田2-19-30
　　　　　　TEL〔編集部〕03-3451-0931
　　　　　　　〔営業部〕03-3451-3584〈ご注文〉
　　　　　　　〔　〃　〕03-3451-6926
　　　　　　FAX〔営業部〕03-3451-3122
　　　　　　振替　00190-8-155497
　　　　　　https://www.keio-up.co.jp/

装　丁　　　　廣田清子
組　版　　　　ステラ
印刷・製本　　中央精版印刷株式会社
カバー印刷　　株式会社太平印刷社

©2015 Atsushi Ode
Printed in Japan　ISBN 978-4-7664-2274-0

慶應義塾大学出版会

――アカデミック・スキルズ――

プレゼンテーション入門
――学生のためのプレゼン上達術

慶應義塾大学教養研究センター監修／大出敦編著／直江健介著
社会人がビジネスで行うプレゼンテーションとは異なる、学生のためのアカデミック・プレゼンテーションに必要なスキルを 3 段階にわけて解説。基礎・準備・実践の 3 点からプレゼンに臨む学生をサポートする。

定価 1,540 円（本体価格 1,400 円）

実地調査入門
――社会調査の第一歩

慶應義塾大学教養研究センター監修／西山敏樹・常盤拓司・鈴木亮子著　これから調査を行う初心者でも、調査の計画・実施から、データの収集・分析、研究成果の発表までを理解できるように、ふんだんな事例とともに解説。『データ収集・分析入門』の姉妹編。　定価 1,760 円（本体価格 1,600 円）

学生による学生のための
ダメレポート脱出法

慶應義塾大学日吉キャンパス学習相談員著　実際に大学の学習相談に寄せられた質問を元に、レポート・論文執筆のポイント／学習テクニックを、大学の学生相談員が「学生の目線」から易しく解説。この一冊で、"ダメなレポート"から脱出せよ！　定価 1,320 円（本体価格 1,200 円）

慶應義塾大学出版会

───アカデミック・スキルズ───

資料検索入門
──レポート・論文を書くために

市古みどり編著／上岡真紀子・保坂睦著　レポートや論文執筆を行う際に、自分が書こうとするテーマや考えを固めるために必要な資料（根拠や証拠）を検索し、それらを入手するまでの「検索スキル」を身につけてもらうための入門書。

定価 1,320 円（本体価格 1,200 円）

データ収集・分析入門
──社会を効果的に読み解く技法

慶應義塾大学教養研究センター監修／西山敏樹・鈴木亮子・大西幸周著　正しいデータ分析とは、どのようなものか？　研究者、大学生、大学院生、社会人に向けて、モラルや道徳を守りながら、人や組織の行動を決定づけるデータを収集・分析し、考察や提案にまとめる手法を紹介。

定価 1,980 円（本体価格 1,800 円）

グループ学習入門
──学びあう場づくりの技法

慶應義塾大学教養研究センター監修／新井和広・坂倉杏介著　信頼できるグループの作り方、アイデアを引き出す技法、IT の活用法、ディベートの準備など、段階に合わせて、気をつけるポイントを紹介。"失敗しない"グループ学習の秘訣を伝授する。

定価 1,320 円（本体価格 1,200 円）

慶應義塾大学出版会

アカデミック・スキルズ[第3版]
大学生のための知的技法入門

佐藤望 編著
湯川武・横山千晶・近藤明彦 著

大学生向け学習指南書のベスト&ロングセラーを8年ぶりに改版。ノートの取り方や情報の整理法など、大学生の学習の基本を押さえた構成はそのままに、新しい情報通信環境の活用法を追加。弊社既刊『アカデミック・スキルズ』シリーズとの連携を強化。

A5判／並製／192頁
ISBN 978-4-7664-2656-4
定価1,100円(本体1,000円)
2020年2月刊行

◆主要目次◆

第3版の出版にあたって

第1章　アカデミック・スキルズとは
第2章　講義を聴いてノートを取る
第3章　情報収集の基礎―図書館とデータベースの使い方
第4章　本を読む―クリティカル・リーディングの手法
第5章　情報整理
第6章　研究成果の発表
第7章　プレゼンテーション（口頭発表）のやり方
第8章　論文・レポートをまとめる

附録　書式の手引き（初級編）